创意家长会

\ 小 \ 学 \ 卷 \

吴小霞 秦望 —— 主编

大夏

大夏书系 — 全国中小学班主任培训用书

华东师范大学出版社

· 上海 ·

图书在版编目（CIP）数据

创意家长会 . 小学卷 / 吴小霞，秦望主编. — 上海：
华东师范大学出版社，2024. — ISBN 978-7-5760-5432-3

I. G459

中国国家版本馆 CIP 数据核字第 20240A4V21 号

大夏书系 · 全国中小学班主任培训用书

创意家长会（小学卷）

主　　编　　吴小霞　秦　望
策划编辑　　卢风保
责任编辑　　潘琼阁
责任校对　　杨　坤
装帧设计　　奇文云海 · 设计顾问

出版发行　　华东师范大学出版社
社　　址　　上海市中山北路 3663 号　邮编 200062
网　　址　　www.ecnupress.com.cn
电　　话　　021-60821666　行政传真　021-62572105
客服电话　　021-62865537
邮购电话　　021-62869887
地　　址　　上海市中山北路 3663 号华东师范大学校内先锋路口
网　　店　　http://hdsdcbs.tmall.com/

印 刷 者　　北京密兴印刷有限公司
开　　本　　700 × 1000　16 开
印　　张　　17
字　　数　　251 千字
版　　次　　2024 年 11 月第一版
印　　次　　2024 年 11 月第一次
印　　数　　5 100
书　　号　　ISBN 978-7-5760-5432-3
定　　价　　68.00 元

出 版 人　　王　焰

前言 打造家长会教学参考书

家长会是家校合作的主要方式之一。

遗憾的是家长会的效果却不尽如人意。有关调查显示，学生和家长对家长会的负面评价颇多，甚至出现学生“不要开”，家长“不想开”，教师“不愿开”的现象。

主要原因是传统家长会一般以学业为中心，格式比较单一：领导统一讲话，学生代表发言；开会三步走——教师说成绩、家长谈经验、老班讲问题；内容老三篇——宣传带班理念、介绍在校情况、提出配合要求。从内容到形式落入俗套。

家长会到底是什么？为什么要重视家长会？

家长会，是指以班级（年级、学校）为单位，由班主任或学校组织所在班级所有或部分家长、教师和学生参加，交流学生在校在家情况，为促进学生高效学习与健康成长而召开的家校沟通会议。

家长会可以宣传学校办学理念主张、展示班级师生精神风貌、交流学生在校在家情况、了解家长的合理诉求、增进家校之间沟通理解、解决孩子教育的共性问题、众筹建班育儿的集体智慧、促进家长群体专业成长、推动家长参与班级管理、形成家校协同育人机制。

传统家长会式微，在信息爆炸的时代，“创意家长会”会让家长会这一传统家校合作的主要方式焕发蓬勃生机。

目前，图书市场上这类书籍很少，于是，8+1 工作室与吴小霞名班主任工作室联合打造“创意家长会”课程：分小学、初中、高中三个学段，每个学段 24 场，共计 72 场创意家长会。

这套“创意家长会”（三卷）丛书有如下几个特点：

（1）创意性。既注重主题内容的深挖，也非常注重形式的灵活。主题内容表述语言灵动，采用体验式、参与式、案例式、游戏式等多种形式，内容与形式和谐统一，创造出一种美感家长会，使家长会成为学生和家长喜闻乐见的家校合作方式。

（2）实操性。在编写过程中，不仅经过各类小组近百次网络研讨磨稿，群策群力、众筹智慧，使教案设计趋于完善，而且每篇家长会教案都经过不同地域、多个班级实操演练，反复修改、调试，分工化、流程化、表格化，方便使用。每场家长会预设 1.5 个小时，时间适中。每位在班里操练的本书作者都说“创意家长会”很好用，实操性强。

（3）课程性。“创意家长会”在“家长如何协助学校，学校如何帮助家长”这个问题上，提供了 12 年基础教育的家长课程，每场家长会围绕一个特定阶段中家校双方急需沟通的话题来设计主题，72 场家长会，满足了家校双方所需。能够开好 72 场家长会的班主任就成为半个家教专家了，能够参加 72 场家长会的父母便修炼成专业的父母了。

这本《创意家长会（小学卷）》，共计 24 个主题，提供 24 场家长会案例，课程体系如下：

序号	学期	召开时间	类别	主题
1	一年级上	开学	幼小衔接	做好衔接，“育”见美好
2		期中	习惯养成	培养好习惯，筑基成长路
3	一年级下	开学	父母角色	父母，是孩子的起点
4		期末	阅读习惯	“阅”来越好
5	二年级上	开学	家风教育	家中有“佳”风
6		期末	好好说话	家长这样说，孩子愿意听
7	二年级下	特殊应急	健康管理	合作共取“健康经”
8		期中	动手实践	动起来，更聪明

续表

序号	学期	召开时间	类别	主题
9	三年级上	开学	作业管理	作业巧规划，成长快车道!
10		特殊应急	自主学习	孩子自主学习，父母轻松陪伴
11	三年级下	开学	手机管理	手机！手机！
12		期末	安全教育	带上安全出行
13	四年级上	开学	立志教育	让孩子“预见”未来的自己
14		期末	中途接班	走沟通之桥，跨成长之河
15	四年级下	特殊应急	提质阅读	高效阅读，“质”地有声
16		期末	责任担当	责任养成，用好“三板斧”
17	五年级上	开学	财商管理	小消费，大学问
18		期末	生命教育	助力生命精彩绽放
19	五年级下	特殊应急	劳动教育	“悦”劳动，越幸福
20		期末	暑假安排	精彩暑假，在自己手中!
21	六年级上	开学	亲子沟通	一把换位思考的金钥匙
22		特殊应急	情绪调节	玩转情绪，做快乐小孩
23	六年级下	期中	分层提质	唱响自信之歌
24		期末	毕业典礼	今天，我们毕业了!

24 个主题，每个主题的解读，作者都阅读了大量资料，深挖主题内涵，每场家长会都以“会”“课”合一的方式来呈现，均有清晰的线索、咬合的环节、流畅的过渡、设计的意图，24 场家长会将起到家校沟通的桥梁、家长育子的助手的作用，将帮助家长撑起孩子生命的深度、家校合作的宽度。

参与编写的作者们，对自己的作品充满信心与期待。

作者朱丽丽老师的一篇公众号文章见证了“家长会”项目组磨稿之用心。

只因为动了一点心，便义无反顾。

不记得是哪一天，我翻朋友圈看到一则消息：征集家长会设计文稿。有好奇，有忐忑，有踌躇，有勇气，终究还是决定试一试。这便是心动的感觉。

第一篇文稿写出来，反响不错，我心生欢喜，又认领了一篇，写这篇有点艰难，但还是成稿了。人总是好了伤疤忘了疼的，见剩余的主题中还有一篇关于阅读的，我又认领了。也就是这篇文稿，让我吃尽苦头。因为刚开始写我就病了，不仅如此，各类文稿也开始紧锣密鼓地打磨了。

我的病毒感染周期特别长，半个月嗓子还不能出声，咳嗽咳到吐。大约是第五天，我下床走路还飘飘摇摇的，群内突然要求交稿，而我存储文稿的U盘在学校办公室里。成年人最大的修养是不解释，我不想被人催稿，于是把自己裹成粽子，连夜骑车到学校拿U盘。说实话，我自己都被自己感动了，但没有感动老天爷，回家后我发现U盘里的文稿竟然不是修改稿！发烧的那几天确实有点精神恍惚，那就更不需要解释了，第二天一早我又骑着车赶去学校，从办公电脑上拷下最新版文稿。

这段经历令我印象深刻，当我骑着车行驶在漆黑的环城路上时，我心里有个声音：永远忍住解释，你只要去做就好了。

打磨文稿的过程很不容易，我一边要修改前两篇文稿，一边要写第三篇文稿。因为是为自己的事负责，也没什么好说的。

有一天晚上，我冥思苦想了很久，问读高中的儿子：“你觉得你现在的学习难吗？”他想了一下说：“当然很难！”我松了一口气，说：“我想起我们爬山的时候，向上攀登的时候感觉很累，当感觉轻松的时候就知道自己没有在往上爬了，下山嘛，就更加轻快了。学习，同样如此，感觉难的时候，就是不断提升的时候。”

主编要求写一个主题，就要广泛阅读，成为一个主题的“专家”。那段时间，我借机读了很多书。知识内化需要时间，要理解，要实践，内化于心，方能出口成章。抄是不可能的，寻章摘句也不行。为了在短时间里完成任务，我一般会在读完一本书后，记一些笔记，然后睡一觉，让知识在大脑中发酵一段时间，期待灵感的小火花，能在涂涂画画中偶尔蹦出来一星半点。这样的“速食”，所得当然也很有限。

线上研讨从一周一次变成一周两次，后来愈加频繁。每次研讨之后，都是我焦虑的巅峰期。大家给的意见很多，也很有道理。但我跳不出自己思维的定势，很难接受他们的想法。常听有人诉苦：“写东西比生孩子还难。”每篇文稿的每个字都是自己敲出来的，哪怕它“丑”，也敝帚自珍。

就这样敲敲打打，缝缝补补，把前两篇稿子磨了十来遍，还未见起色，而第三篇文稿的打磨已经提上日程。

打磨的过程，不是融合，是辩证地思维。

以前我帮别人磨课的时候，指点江山，激扬文字，曾经数次把别人的文稿推倒重来。那种干脆利落，到了自己这里就底气不足。我也体会到“好的，我再改！”“还需要怎样改呢？”这样的话背后是深深的无奈与纠结。作为同行，除非是原则性的错误，每个人的思维都有一定的合理性，甚至有我并未领略的内容。我能给予的是我的思考，在我们共同领略的地方迸出火花，带给他新的思考。

因此，我开始梳理脑中纷乱的声音。

我在写阅读主题的内容时，为自己设计中的几点创意沾沾自喜，因此对文稿更加“珍惜”。打磨文稿时大家也都觉得没有太大问题，准备放行。但有位老师提出“科学的阅读时间”的内容，让我意识到这是我忽略的部分。但是加上这部分内容，我的整个框架就要改变，我引以为傲的内容就要删减。斟酌了一个晚上，把两个方案放在一起作了比较，最后还是忍痛割爱，删减了部分内容，调整了结构，增加了“科学的阅读时间”的内容。相较于修改前“差不多”的惴惴不安，成稿后，是满满的喜悦与平静。

王阳明说：“你未看此花时，此花与汝心同归于寂；你来看此花时，则此花颜色一时明白起来。便知此花不在你的心外。”

你没有看这朵花时，这朵花就和你的心一样寂然，像是没有存在过一样；当你来看它时，它的颜色才明明白白地展示在你的面前。这样便知道这朵花并不是独立于你的意识而存在的。

一样东西，没有进入你的视野、你的内心，于你就不存在意义。

磨课，是否同理？

思维卡壳的时候，最应该问问自己，即便求诸他人，也要辩证思维，内化于心，才有意义。因为你要相信，但凡能使你接受的，都是你思维界域之内的东西。

所有的遇见，都是久别重逢。

我喜欢这个团队，虽然在学习小组里我的自恋时常受到冲击。论能力，谁都有两把刷子；论努力，实在还轮不上我。我从未见过这样的团队，大家来自五湖四海，隔着屏幕交流思想，知无不言，倾囊相授。每一个人都那么耀眼，又生机勃勃。熬夜改稿，不算新鲜事，开会开到年三十，倒是头一次。年二十九的晚上大家讨论到11点，我因为出谋划策，大脑亢奋到近凌晨2点才睡着。

2023年，我确实过了个“文化年”！

2023年1月21日（除夕）

由于本书编写的工作量很大，难免有错漏之处，敬请读到本书的班主任和家长批评指正。反馈意见请发邮箱：726801809@qq.com。

目 录

CONTENTS

01. 幼小衔接：做好衔接，“育”见美好

背景分析

为进一步贯彻落实《教育部关于大力推进幼儿园与小学科学衔接的指导意见》等文件精神，深入推进幼儿园与小学科学有效衔接，缓解新一年级家长的焦虑，帮助幼儿顺利实现从幼儿园到小学的过渡，特召开此次家长会。本次家长会让家长们了解刚升入小学的幼儿所面临的问题，并做好充分准备，科学地帮助孩子自信、从容地走进小学，尽快适应小学的生活。

本次家长会参与对象是新生家长，时间为一年级开学第一周。

会议目标

目标	家长	学生
知识层面	了解幼儿园和小学各方面的不同，知晓孩子进入一年级应当具备的能力。	了解幼儿园和小学生活、学习方式的不同，掌握必要的生活技能。
能力层面	提升应对幼小变化的能力，初步掌握如何培养孩子专注力的方法。	掌握基本的学习能力及正确处理同学矛盾的能力。
态度层面	愿意接纳变化，积极帮助孩子顺利度过幼小衔接。	乐意完成幼小衔接相关任务；尽快适应小学生活，喜欢小学生活。

会议准备

1. 材料准备

（1）印发《小学入学适应教育指导要点》，提前下发给家长。

（2）准备学校宣传视频。

（3）收集科任教师的毕业证、荣誉证书、兴趣爱好的图片等，制作成课件或视频。

（4）录制视频：《一年级萌娃“在校的一天”》。

（5）制作班级新生家长会 PPT。

（6）排练情景剧。

2. 环境准备

PPT 欢迎界面。

3. 其他准备

教师提前研读《小学入学适应教育指导要点》（以下简称《要点》）等资料。

会议过程

师：各位家长，大家好！欢迎参加本次幼小衔接家长会。幼儿园生活已经画上圆满的句号，小学生活正式开启。孩子是否能尽快适应小学生活？这是很多家长关注和担忧的问题。今天，我将带大家了解一下我们的学校、我们的老师，并且和大家分享让孩子更快适应小学生活的经验与方法。

第一环节　团队介绍，搭信任之桥

1. 望远镜展未来（校园文化建设介绍）

师： 教育是一场美丽的邂逅，它不仅见证了孩子的成长，也寄托了家长的期待。下面请大家看视频，全方位了解我们这所学校。

播放学校宣传视频，让家长了解学校环境和校园文化。

2. 教师风采（团队介绍）

（1）主科老师（班主任、语文老师、数学老师）亲临现场向家长介绍自己及相应学科要求。

（2）副科老师录制视频或者 PPT，由班主任播放。

3. 朋辈互助共成长

师：为了让孩子尽快适应小学生活，我们学校还设立了“朋辈互助、共同成长”的教学方式。下面有请结对学长来说一说吧！

学长：各位叔叔阿姨，大家好！我是咱们班的结对学长。未来一个学期，我将以学长的身份陪伴弟弟妹妹们适应小学生活，过去的几年我……（学长结合《一年级萌娃“在校的一天”》介绍自己在校园中的成长经历）我的学长以过来人的身份帮助我成长，让我不着急，也缓解了爸爸妈妈的教育焦虑。我将把这种朋辈互助、共同成长的传统沿袭下去，请叔叔阿姨们放心。

师总结：感谢我们的学校、团队、学长给家长们带来的定心丸。未来很美好，值得我们追求与奔赴。只要我们和孩子一起静下心来，脚踏实地，一步一个脚印走下去，孩子们的美好未来指日可待。

过渡：看完视频、教师和学长的介绍，我在大家的脸上看到了赞叹，看见了期待，相信大家心里已经有了计划，开始憧憬孩子美好的未来了。接下来，跟随我们去寻一寻“衔接之法”。

设计意图 通过观看视频、教师团队介绍、朋辈帮扶，家长感受到学校的优秀、老师的认真，消除心中的焦虑，点燃内心的信心，建立和教师之间的信任，便于教师后期开展工作。

第二环节　聚焦《要点》，探衔接之法

1. 显微镜下看《要点》

师：从幼儿园到小学，儿童要面临多方面变化，这是儿童早期成长过程中的一次重要转折，一定程度上决定着今后儿童对学校生活的情感和态度，也影响其将来的学业成绩和社会成就。开学第一周是孩子们入学的兴奋期。孩子们对一切都感到很新鲜，家长也对自己的角色感到兴奋，积极配合老师做了许多工作。

师：这期间，家长们在活动手册上都记了哪些内容呢？让我们来说一说吧！（指名家长说）

预设：

（1）孩子每天都开开心心去上学，放学后对学校里发生的事说得停不下来。

（2）开学一周，已经感受到孩子明显的变化和成长。

（3）孩子每天回家不知道当天的学习任务，不清楚哪些事情需要完成。家长不知道该如何教育孩子。

（4）孩子每天都比较兴奋，入学后违规现象时有发生，特别是课堂上爱说话。家长只能每天提醒孩子上课要认真听讲。

（5）一年级的孩子往往因一点儿小事而争吵，爱向老师打小报告。

家长讲述，老师细心听，并记录下聚焦的问题。

师：在家校的配合下，我们的教育确实取得了一些成效，但是仍有很多家长感到焦虑。孩子在这一周的学习生活中暴露出一些适应问题（家长反馈的聚焦问题），家长希望得到学校老师的指导和帮助。

2. 放大镜中寻方向

师：《要点》为我们的有效衔接提供了指导方向（PPT 出示《要点》），它以促进儿童身心全面适应为目标，围绕儿童进入小学所需的关键素质，提出身心适应、生活适应、社会适应和学习适应四个方面的内容，每方面内容由发展目标、具体表现和教育建议三部分组成。

师：让我们再来看看《要点》(印制在家长会活动手册中）中提出的“发展目标”。(PPT 出示表格）

培养内容	学校教育	家庭教育
身心适应	创设班级环境，营造班级氛围，引导调节情绪，激发运动兴趣，培养运动习惯，促进精细动作发展。	
生活适应	安排作息时间，培养用眼习惯，指导收纳整理，开展安全教育课程和劳动课程，安排劳动分工。	
社会适应	引导感受集体生活的快乐，建立亲密的师生、伙伴关系，组织学习小学规则，培养良好品德，激发爱家乡、热爱国家的情感。	
学习适应	激发求知欲；指导制订学习计划；设置图书角，提供学习资料，营造学习氛围；培养良好的书写习惯，丰富学习经验。	

师：家长朋友们分四组进行讨论，大家觉得可以开展怎样的家庭教育活动来配合教师工作，帮助孩子们尽快度过疲倦期？请写在表格的最后一列。

3. 巧辟蹊“径”说方法

师：经过激烈讨论，家长朋友们已经形成简单的家庭教育方案，让我们来共同探讨、学习。

师：请沙龙小组各派一位家长朋友进行分享。

预设：

关于身心适应方面，家长分享：

(1）多鼓励，少批评，保持孩子的学习兴趣。

(2）家里安排一个学习小天地。

(3）多和孩子聊一聊、玩一玩。

(4）参与户外运动。

关于生活适应方面，家长分享：

(1）配合学校，规律作息。

（2）让孩子自己的事情自己做，多指导，少包办。

（3）让孩子参与家务劳动。

关于社会适应方面，家长分享：

（1）帮助孩子学会与人沟通交流，增强团队合作精神。

（2）多参与集体活动。

关于学习适应方面，家长分享：

（1）提醒和督促孩子按时完成作业，主动阅读和预习。

（2）关注孩子的书写姿势和书写能力等。

（3）做个学习型家长。

（4）制订成长计划表，有奖惩制度。

师总结：每个家庭、每个孩子都不同，这些方式或许还需要稍微调整才能更好地在您的家里实施。接下来请大家结合自己的家庭状况和孩子的性格特点进行调整，形成最适合自己孩子的家庭专属教育方案。

过渡：教而有法，行而致远。教育方法大家已经形成，真正面对孩子的实际问题时能冷静面对，耐心处理吗？让我们在情景模拟中小试牛刀吧！

设计意图

引入《要点》，且前期呈现给家长自主学习过，为本次家长会注入了浓浓的理论气息，让家长的教育行为有理论依据。而交流讨论让每位家长都形成了一份适合自己孩子的家庭专属教育方案，强化以儿童为主体、为每个儿童搭建成长适应的阶梯这一教育理念。

第三环节　情景演练，达知行合一

1. 情景剧1——处理孩子社会适应问题

师：接下来请大家欣赏情景剧。

同学A和B是朋友，下课时间经常一起玩耍。今天两人玩闹，游戏中A失手打疼了B，B气愤还手，也打疼了A。A回家后跟家长（爷爷、奶奶）

说自己被打了，且反复强调连续几天被打头。爷爷奶奶向爸爸妈妈转述孩子被打，情绪激动。

师：大家思考一下，你们会怎么处理这件事？可以解决吗？

预设：

（1）有的家长可能听了孩子的一面之词，非常生气，直接打电话质疑老师。

（2）有的家长简单粗暴，直接呵斥自家孩子，说孩子自己肯定也有做得不好的地方，才会引起矛盾。

（3）有的家长能站在客观角度，问一些问题，了解事件的来龙去脉，给出合理的解决方案。

师：家长由于处事方式不同，对这类事件的处理方法也大有不同。抛开主观情感，站在客观角度探究真相，了解事实经过，站在孩子成长的角度，我们可以从以下几点进行教育：

（1）提醒孩子在讲述学校发生的事时要全面、具体且客观，实事求是，不可断章取义，只讲有利于自己的事，回避自己的不当行为。

（2）情景再现。爸爸扮演同学 A，妈妈扮演同学 B。A 失手伤了 B，立即向 B 道歉。以此告诉孩子，类似情况我们应该积极补救，主动承担责任。

（3）让孩子知道人在成长中总会出现一些意外，从经历中学会面对问题，找到正确处理的方法，就是成长的收获。

师：上面这个情景提醒我们，面对孩子人际交往问题时要冷静，站在孩子成长的角度去处理问题。相信能给大家借鉴。

过渡：在面对做事没计划，学习拖拉的情况时，我们又当如何应对呢？

2. 情景剧 2——处理孩子学习习惯问题

师：请大家继续欣赏情景剧。

晚上 8 点，小哲已经坐在学习桌前两个小时了，生字抄写还没完成。他一会儿要削笔，一会儿要喝水，一会儿要擦鼻涕，一会儿要上厕所……妈妈一直陪伴，爸爸在旁边看手机。

师：如果你是故事中的妈妈，你会怎么做呢？如果你是故事中的爸爸，你的做法可取吗？

预设：

（1）有的妈妈会把怨气撒在爸爸的身上，从而引发一场“夫妻战争”。

（2）有的是妈妈打，爸爸骂，孩子哭。

（3）有的是妈妈直接自己上手帮孩子一起做作业。

师：家长们的参与很积极，这样的场景估计家里时常发生，许多家长也是束手无策。我们可以从以下几点分析案例，想对策，积极解决。

（1）没有积极完成作业的原因是什么？是不会，还是写太久，累了，想休息？是对所有学习的事都不喜欢，纯属逃避，还是无意识地拖拉，不主动完成作业？家长应当用什么样的语言和孩子沟通，孩子才能打开心扉？

（2）针对不会的情况，我们应当给予帮助，辅导知识点，做计划帮助孩子培养学习能力。

（3）有意识地逃避学习是态度问题。家长可以动之以情，晓之以理，适当约束，甚至批评。让孩子列计划将作业分割成几个小部分，一部分一部分地完成，体验完成作业的成就感，感受完成作业的快乐，同时明白完成作业是自己的责任。

（4）无意识地拖拉是一个坏习惯，家长通过其他方式培养孩子的专注力，并且完成作业部分也要让孩子列计划将作业分割成几个小部分，一部分一部分地完成。

（5）家长要给孩子树立一个好榜样，切不可孩子做作业，家长在一旁玩手机或看电视。

过渡：只有站在孩子的角度，考虑孩子的年龄特点、性格特点和现有能力，考虑家庭环境，我们才能制订出更符合实际情况的养育方案，孩子才会愿意配合，实现“育”见美好。

设计意图

通过案例分析和情景模拟，帮助家长培养要解决问题先了解原因的思维方式，让他们明白解决孩子各个方面的问题需要对症下药。对照《要点》，关注孩子个体差异和原生家庭的不同，以儿童为主体，允许孩子走弯路。

第四环节　角色互换，“育”见美好

师：如何才能做到站在孩子角度考虑呢？首先要真正了解孩子面对的是什么问题。

1. 角色定位，交流方案

师：家长朋友们请先观察自己孩子的书桌，了解书桌内物品摆放情况和桌椅的整洁度，并思考三个问题：如何才能把书桌和书包整理好？怎样和孩子说，孩子才愿意配合并且领会整理方法，快速整理好书桌和书包？怎样帮助孩子养成快速整理书包的能力，保持书桌整洁的习惯？

请两三位家长现场表达。

预设：

（1）有家长说每天都提醒孩子要整理好书桌、书包，手把手教，但没过一两天，孩子的书桌、书包又凌乱不堪。

（2）有家长说孩子从小就不乱放东西，自理能力强，从不担心。

（3）有家长说经常鼓励孩子，每次书包收拾得整齐时，会有奖励。

2. 角色互换，体验实践

师：现在让我们做一次孩子，体验孩子的放学时刻。请家长朋友们安静、快速地整理书包和书桌，并把桌椅摆放整齐，按照自己孩子的学号到走廊排队，准备放学。

家长现场操作。

3. 教师结合现场情况进行适时评价

某某同学安静，速度又快，给予表扬；某某同学不要忘记把桌椅摆好；某某同学遗漏了自己的手机；某某同学主动帮助了同桌……

师总结：孩子不爱整理东西，往往都是对家长的模仿。做家务也一样，孩子通过模仿家长收纳整理，会提高自身的责任感。家长角色互换，进行实战体验，更能站在孩子的角度思考问题。

设计意图

这个环节是针对学习适应板块而设计的，家长要配合学校开展家庭教育，不能只依靠自身的成长经验来进行。体验式活动的植入，让家长学习先探寻孩子解决问题的方式，体会孩子的难处，再传授孩子方法的教育模式。“用行动说话”而非“纸上谈兵”，这样的教育才更符合实际。

会议总结

遇见是故事的开端，成长是故事的延续！而我们的故事源自温暖的教育，关乎孩子、关乎家长、关乎爱和信任。一次面对面的相约，一场心与心的交流，不仅拉近了大家与学校的距离，更增强了我们家校携手、共育优秀学子的信心。培养优秀的孩子，从来不是老师或者家长一方可以达成的，孩子的成长需要老师、家长一起，形成合力。在今后的教育路上，为了我们共同的目标，共同努力吧！

会议延展

（1）最近一周重点培养孩子整理书包和书桌的习惯。

（2）向班主任反馈与孩子一起整理书包和书桌的心得。

（3）用一个月的时间陪伴孩子养成早睡早起的习惯。

（4）向班主任反馈陪伴孩子早睡早起的心得。

（浙江省诸暨市海亮教育集团　斯菊梅）

02. 习惯养成：

培养好习惯，筑基成长路

背景分析

著名教育家叶圣陶先生说："养成习惯，换个说法，就是教育。"一年级是基础教育的起始阶段，学生年龄小，可塑性强，是培养良好行为习惯的关键时期。进入小学阶段后，有些学生因为入学前家庭教育的缺失以及入学后不适应等因素，呈现了一些不好的行为习惯。从学生呈现的问题来看，有的是家长疏于对孩子良好习惯的培养，有的是家长在培养孩子习惯上没有恰当的方法。为了能在学生入学之初就养成良好的行为习惯，促进家校共育，非常有必要在开学初召开一次关于习惯培养的家长会。

本次家长会参与对象是一年级学生家长，时间是一年级入学后一个月。

会议目标

目标	家长	学生
知识层面	了解养成好习惯对孩子成长的重要性；知道在孩子习惯养成过程中，家长需要承担的主要责任。	知道养成好习惯有利于今后更好地学习和生活。
能力层面	分析孩子不良行为习惯产生的原因，反思、探寻解决问题的办法；能够根据孩子身心发展规律和个性特点，清楚应该帮助孩子养成哪些好习惯。	在父母和老师的帮助下，知道应该养成哪些好习惯，顺利度过幼小衔接，更好地适应新环境。

续表

目标	家长	学生
态度层面	能站在孩子的视角看待问题，主动反思自己的行为，并耐心、细致地培养孩子的好习惯。	能接受父母的意见，并愿意与之共同努力，养成好习惯。

会议准备

1. 材料准备

（1）按班级家长人数准备 A4 白纸、水彩笔。

（2）制作学生案例微视频。

2. 环境准备

打扫教室，按六人一小组摆好桌椅。

3. 其他准备

（1）通过线上问卷小程序提前完成此次家长会的问卷调查，并收集、分析资料。

（2）老师提前阅读《掌控习惯》《一年级小学生要养成的 49 个好习惯》等图书，以及和习惯培养相关的文章。

调查问卷

亲爱的家长，从小培养孩子的好习惯，对孩子的性格塑造、学业成就有着极大的好处。您的孩子刚入学，教育孩子的首要任务就是培养好习惯。一年级的孩子需要养成哪些习惯呢？怎样科学、有效地帮助孩子养成好习惯呢？为了帮助您，我们将提供一份问卷，请您如实填写。请放心，如果涉及隐私，我们一定帮您保密。

与您相关：

1. 平时的生活中您有哪些习惯呢？（多选）

A. 阅读　B. 玩手机　C. 早睡早起　D. 熬夜　E. 运动

F. 拖延　G. 劳动　H. 礼貌　I. 其他

2. 在您的人生经历中是否刻意训练自己养成或改变某个习惯？是否成功过？（单选）

A. 有过，成功了　B. 有过，失败了　C. 没有，都是顺其自然

3. 您觉得有些习惯是否影响了你的人生历程？（单选）

A. 影响很大　B. 有一点影响　C. 没什么影响

与您和孩子相关：

1. 您认为一年级孩子最需要养成哪些好习惯？（多选）

A. 阅读　B. 劳动　C. 礼貌　D. 整理

E. 运动　F. 作息　G. 专注　H. 卫生

2. 您对您孩子现在哪些习惯不满意？（多选）

A. 不专注　B. 粗心　C. 没礼貌　D. 作息不规律　E. 懒惰　F. 拖拉

G. 对电子产品着迷　H. 不注意个人卫生　I. 撒谎　J. 总体比较满意

3. 您认为帮孩子养成好习惯，哪些方法最有效？（多选）

A. 经常提醒　B. 适当惩罚　C. 以身作则　D. 物质奖励

E. 经常表扬　F. 树立榜样　G. 老师布置

4. 您觉得培养孩子好习惯，最大的困难是什么？（单选）

A. 孩子不能坚持　B. 家长不能坚持　C. 家中长辈阻止　D. 方法不对

5. 您在孩子入学前是否已经帮助孩子养成一些好习惯？有哪些？

______

6. 您希望在培养孩子良好习惯的过程中得到老师哪些帮助？

______

会议过程

师：各位家长，你们好，孩子入学已经有一段时间，作为一年级家长，你们一定有很多新的体会，也可能会出现一些困惑，还可能会遇到一些棘手的问题。有些家长向我抱怨孩子不听话，不喜欢上学，不好好写作业……其实这些问题都是和孩子的习惯紧密相关的。习惯是人生之基，因此培养孩子良好习惯是小学阶段家长和老师最重要的任务之一。今天的家长会主题是“培养好习惯，筑基成长路”，我们将一起来学习怎样培养一年级孩子的好习惯。

第一环节　游戏体验·话习惯

师：“习惯”是什么呢？《现代汉语词典（第7版）》里说：“在长时期里逐渐养成的、一时不容易改变的行为、倾向或社会风尚。”我们长时间重复做一件事，会熟练到不用思考就能完成，这就是习惯。每个人说话做事、生活学习中都有自己独特的习惯。也正是习惯不同，大家做事的方式也不同。

（PPT出示）

美国心理学之父威廉·詹姆斯说：“我们的一生，不过是无数习惯的总合。”

1.“交叉双手”，体会个人习惯不同

教师边做动作示范边讲解。

师：我们先来做个简单的小游戏。请大家伸出双手，很自然地把双手手指交叉，然后合拢在一起，多做几次。感觉怎么样？有难度吗？现在观察一下，当你双手合拢时，是左手大拇指在上，还是右手大拇指在上呢？（分别请不同结果的家长举手示意）

师：现在我提出一个新要求，请你们重新交叉双手，这一次要反其道而

行之。左右手大拇指要交换位置，当然其他手指的位置也要改变，现在感觉是不是很别扭？因为每个人的习惯不同，现在让你改变习惯去做，当然就觉得别扭了。

2. 游戏升级，改变习惯达成目标

教师边做动作示范边讲解。

师：接下来请大家伸出双臂，与肩同高，两掌相对，然后两臂交叉，翻转手掌，掌心相对，按你们的习惯交叉双手，合拢后将交叉的双手由下向上翻转伸到鼻子前，用两个大拇指按住鼻翼两侧，然后打开双手，大拇指按住鼻翼不动，两只手回到鼻翼两侧，像张开的大喇叭。

家长按要求操作后，会有部分家长完成不了最后的动作。

师：有的家长现在一定很困惑，明明是按老师要求做的，怎么别人轻松就做成功了，而自己无论怎样都做不成呢？现在，我给你们支个招：请交叉双手时习惯右手大拇指在上的家长改变习惯，把左手大拇指放在上面，再试试。

家长很快能成功。

师：谁来发表下自己的成功感言？

预设：

（1）看别人轻松完成任务，自己却不行，还以为是自己做错了，原来是用错了方法。

（2）每个人不同的习惯会影响最后目标的达成。

过渡：我们用同样的方法去做一件事，结果却有所不同，原来是因为习惯不同。有时候想要达到某一特定目标，就需要调整自己的做法，改变自己的习惯。

设计意图

带家长做小游戏，让家长感受到每个人都有很多自己没有觉察到的习惯。不同的习惯造就了每个人不同的做事方法和结果，有时为了完成一个特定目标，需要改变自己的习惯。

第二环节　问卷分析·析习惯

师： 家长会前期我们做了一次关于家长和学生习惯的调查问卷，我整理了一些重要信息，与大家分享。（PPT 出示柱状图）

师： 图中红色部分是家长现有的习惯，蓝色部分是家长反映的孩子当下的不良习惯，黄色部分是家长希望一年级孩子具有的习惯。大家从这三组数据的对比中发现了什么？

预设 1： 家长现有的习惯和孩子当下的习惯，有些方面呈正相关。

师： 影响孩子习惯形成的因素有很多，如遗传、环境等，但其中最重要的还是家长的习惯。家长其实一直在潜移默化地“帮”孩子养成一些习惯。

预设 2： 家长现有的习惯和家长希望孩子养成的习惯，某些方面呈负相关。

师： 从问卷中我们可以看出，家长最希望孩子养成阅读、锻炼、做事专注、早睡早起的习惯，但是从柱形图呈现的现状来看，家长希望孩子养成的习惯，却是很多家长自己所不具备的。这点很有意思，家长希望孩子养成好习惯，自己却“背道而驰”。比如，有的家长喜欢玩手机，甚至带着孩子一起看，那么，在这样的环境下，孩子很容易迷恋手机，家长想要孩子少看手机，养成阅读的习惯，这就很难。还有的家长喜欢熬夜或者不喜欢运动，却要孩子早睡早起、爱运动，这也很难成功。

过渡： 一年级孩子刚入学，有了全新的学习环境和伙伴，是培养孩子好习惯的最好时机。让我们一起努力，为孩子的成长筑基。

设计意图　分析调查问卷数据，呈现柱状图，让家长明白孩子的习惯养成受家长影响很大，孩子的有些习惯是受家长的影响形成的。

第三环节　榜样示范·感习惯

1. 微视频展示“班级之星”

师： 在我们身边，有些孩子在父母的帮助下养成了好习惯，现在请大家看看往届班级被评为“班级之星”的同学的视频。

视频一：

“诵读之星”在父母的督促下每天早读20分钟，小学阶段背完《小学生必背古诗词》和《中学生必背古诗词》，参加市级诗词大赛，并获奖。

视频二：

“运动之星”每天和家长一起锻炼，坚持跳绳、跑步，经常游泳，成功减轻体重，完成“迎新年户外毅行”50公里。

视频三：

“阅读之星”坚持每天阅读，每周一到两本书，每学期读几十本书，成立班级阅读小组，做阅读推广人。

视频四：

“友善之星”与同学相处宽容、有礼貌，热心帮助他人，受到同学的喜爱，连续三年被同学推选为班长。

过渡：有种孩子叫“别人家的孩子”，这些孩子往往都有良好的习惯，好习惯让这些孩子自信成长。下面也请家长们谈谈观后感悟。

2. 家长发表观后感悟

预设：

（1）希望自己的孩子也能养成这些好习惯，对孩子今后的成长大有裨益。

（2）他们做的事都很小，只要能坚持下来就能从好习惯里受益。

（3）有好习惯的孩子更容易受到同学和老师的认可，学习生活也更快乐。

（4）孩子在养成好习惯的过程中，家长和老师要给予帮助，还要以身作则。

过渡：好的习惯让孩子受益终身，坏的习惯会成为孩子成长路上的“绊脚石”。帮助孩子养成好习惯，是父母对孩子最大的责任之一，也是能给孩子最好的财富之一。

设计意图 往届学生的真实案例，让家长了解、感受到养成好习惯在孩子成长中起到的重要作用，也了解到好习惯的养成离不开家长和老师的帮助。

第四环节　体验明理·养习惯

师：接下来，我们一起来画一棵树，这棵树代表着你的孩子。那么，你希望这是一棵怎样的树呢？

家长自主发言。

预设：高大挺拔、粗壮结实、枝繁叶茂……

老师针对家长的发言进行分析。

1. 言传身教：树根深扎大地

师：树根深扎大地，大树从土壤中汲取养分才能枝繁叶茂。父母就是孩子这棵树的根，根要扎得深、扎得广，才能为大树提供丰富营养。扎得深——家长要沉下心来陪伴孩子，愿意花时间倾听孩子的心声，帮助孩子解决问题；扎得广——家长应该少说多做，要求孩子做到的，家长首先要做表率。

师：有的家长也许会说，家长的生活方式和孩子不同，不可能每个习惯都给孩子做榜样吧？我们家长要尽可能地为孩子创造一个养成好习惯的环境。比如，家长想要培养孩子良好的阅读习惯，可以在家里布置一个阅读角，周末带孩子去逛书店、图书馆。又如，家长发展自己的兴趣爱好，保持学习热情，认真地对待自己的工作……这些都会潜移默化地影响孩子，为孩子成长提供源源不断的精神养料。

家长在教师的引导下画出树根，并在一旁写上“言传身教”。

2. 坚持不懈：树干挺拔粗壮

师：切开树干，我们可以看到树木有一圈一圈的年轮，这是时间的沉淀。一棵高大挺拔的树木就是在时间的磨砺下，一点一点长大的。孩子习惯的养成，也不能靠一次谈话或者几次批评就能达成目标，只有不断地练习，长期地坚持，才能将好的行为内化成孩子的品行。有研究证明，一个习惯的初步形成至少要经过 21 天的训练，甚至更长的时间。在这个过程中，家长要有足够多的耐心，帮助孩子从不熟悉、不习惯，到熟练，初步形成习惯。时间会记录你和孩子每一天的努力，就像大树的年轮，一圈又一圈，最后长成一棵粗壮挺拔的大树。

家长在教师的引导下画出树干，并在一旁写上“坚持不懈”。

3. 多元发展：树枝自由伸展

师：家长要站在孩子的立场，关注孩子的兴趣，发现孩子的特长，多元化地培养孩子的好习惯，而不是仅仅把目光盯在学习上。就像一棵树的树枝向四面八方伸展开，枝条粗壮又繁茂，才能长出葱茏的树叶。好习惯有很多，但我们不能像“天女散花”一样要求孩子把每个都做到，这样难免会顾此失彼，让家长和孩子都疲惫不堪，也难以持续下去。根据一年级学生的身心发展特点，我建议大家从生活、阅读、学习、心理、社交几个方面着手培养孩子的好习惯。

家长在教师的引导下画出树枝，可以在主要枝干上标注习惯类型。

4. 明确目标：树叶葱茏

师：这些不同类型的习惯，包括了哪些具体的内容呢？

（PPT 出示）

生活习惯：作息、整理、卫生。

阅读习惯：阅读、诵读。

学习习惯：听课、书写、归纳。

心理习惯：诚实、情绪。

社交习惯：礼貌、友善。

师：请家长在相应的树枝上画上代表不同习惯的树叶。提醒一下：我们在一棵树上找不到两片相同的叶子，在一个班里也找不到两个相同的孩子，每个孩子都是独一无二的。因为个性特点不同，所以在习惯的培养上也会有所不同，家长可以根据孩子的特点，画上孩子目前拥有的好习惯，并将希望孩子拥有的好习惯也画到树上。

家长在树枝上画孩子养成的“好习惯树叶”。

师： 有了培养的目标，还要有明确的要求，才能有的放矢。比如希望孩子养成良好的作息习惯，要做到哪些呢？可能是“早睡早起，不熬夜，中午坚持午睡”，甚至你还可以进一步明确“早上 6 点起床，中午 12 点半午睡，晚上 8 点睡觉”。请大家以小组为单位进行讨论，写在每一片叶子旁边，然后进行交流。

小组讨论后，小组代表发言。教师根据家长的发言内容归纳整理，呈现部分内容。

（PPT 出示）

整理
整理书包、文具和书桌，检查学习用品。

卫生
注意个人卫生，保持教室卫生。

阅读
每天阅读课外书半小时。

诵读
坚持早读，背诵古诗词或英语。

听课
专心听课，遵守课堂纪律，积极发言。

书写
认真书写，坐姿、握笔要正确。

归纳
预习、复习当天所学内容。

诚实
诚实，守信用，敢担当，不随便撒谎。

友善
乐于助人，和同学友好交往。

情绪
正确表达情绪，不无理取闹。

礼貌
与人交往有礼貌，不欺负同学。

5. 爱和陪伴，阳光雨露滋润

师：一年级孩子年龄小，自控能力弱，在习惯养成的过程中难免会有退缩、回避，甚至放弃的想法。对于这些问题，家长要有耐心，不要急于批评、惩罚。可以先倾听孩子内心真实的想法，再因势利导。当孩子不想坚持了，家长不妨问问孩子：“发生了什么呢？”“你需要我怎么帮你呢？”积极正向的鼓励，是保护孩子向上动力的有效办法。可以对孩子说：“你已经坚持了三天，真的很了不起！”“能告诉我你是怎样做到每天如此的吗？”“遇到一点麻烦，我觉得这难不倒你！”父母对孩子的爱就像温暖的阳光、甘甜的雨露，滋养着孩子。活在理解与接纳中的孩子，会有深深的归属感，哪怕是遇到挫折也会有信心克服。

家长在“好习惯成长树”周围画上“阳光、雨露”，并写下积极鼓励的话语。

设计意图 家长制作“好习惯成长树”的过程，就是学习培养孩子好习惯的方法。用大树的各个部分比喻习惯培养的内容，既明确了小学生好习惯的内容，又了解到具体要求，让家长在体验中掌握好习惯的培养方法。

会议总结

习惯是人生之基，培养孩子的良好习惯，家长责无旁贷。家长应该根据现阶段孩子的身心发展规律和个性特点，选择合适的方式培养孩子的好习惯。习惯的养成非一日之功，今后，我将和各位家长一起共同努力，培养孩子的好习惯，为孩子成长筑基。

会议延展

会后请家长和孩子一起制作“好习惯成长树”。操作步骤如下：

（1）家长利用家长会上学到的方法和孩子一起画一棵树，然后用不同的树叶表示当下不好的习惯和已经形成的好习惯，贴在树干上。

（2）制作“好习惯树叶”。一个好习惯能坚持一周，家长和孩子就贴上一片，同时取下对应的一片“坏习惯树叶”。

（3）每周在班级群里集体展示一次“好习惯成长树”，班级评选“好习惯之星”。

（安徽省合肥市双岗小学　朱丽丽）

03. 父母角色：父母，是孩子的起点

背景分析

2022 年 1 月 1 日，《中华人民共和国家庭教育促进法》开始施行。这是我国首次对家庭教育进行专门立法，将家庭教育由传统家事上升为新时代的国事。其中提到“遵循家庭教育特点，贯彻科学的家庭教育理念和方法”。这就要求父母依据未成年人的成长规律找准定位，应积极承担相应的责任、义务，成为孩子的人生榜样。

现实生活中，当孩子出现问题时，很多家长希望能及时、科学地介入，帮助孩子纠正偏差，但不知道应该从哪些方面着手。对刚刚步入小学一年级的学生，父母如何明确角色任务，及时帮助孩子做好幼小过渡，对孩子的成长非常重要。

本次家长会参与对象是一年级学生家长，时间是一年级上学期 9 月份。

会议目标

目标	家长	学生
知识层面	了解孩子的成长规律；明确自己的角色，懂得如何引导孩子健康成长。	明确自己在学校、家中应该承担哪些责任和义务。

续表

目标	家长	学生
能力层面	依据孩子的成长规律科学解决问题；提升与教师协同共育的能力。	与父母一起制定自己的成长路线，按照规划精进成长之路。
态度层面	积极接纳孩子出现的问题，并与孩子一起想办法解决。	有目标、有追求；对学习和生活保持积极、乐观的心态。

会议准备

1. 材料准备

准备白纸，制作家长梦想卡、学生梦想卡。

2. 环境准备

教室里的桌子按圆桌会议形式摆放。

3. 其他准备

（1）准备若干张 A3 纸、马克笔。

（2）提前安排本班所有学生绘制“我心中的爸爸妈妈”作品。提前确定三位家长进行分享，准备若干份报纸。

（3）教师提前阅读《父母改变　孩子改变》《奶蜜盐》。

会议过程

家长会开始之前，播放歌曲《爸爸妈妈》，拉近老师与家长的心，为会议做好温情的铺垫。

师： 亲爱的家长朋友们，我们知道父母参与孩子的成长是一件有意义的事，有父母在场的教育，孩子会更幸福。父母是孩子的教育者，教育就是以身示范，树立榜样。今天，让我们一起走进“父母，是孩子的起点”主题家长会！

第一环节　矛盾冲突——聊角色

1. 百家争鸣——讨论角色

师：有人说，孩子的一生，要经历风吹雨打的历练，要经过阳光雨露的滋润，他才可以健康成长。父母犹如一道明亮的阳光温暖孩子的一生，犹如巍峨的大山引领孩子越过困难。每个人对父母角色的解读不一样。接下来，请大家各抒己见，聊一聊你对父母角色定位的看法。

预设：

（1）父母像教师，孩子遇到问题时，既要教育也要教训。

（2）父母像保姆，孩子的衣食住行父母都得管。

（3）父母像警察，孩子屡次犯错时父母得用家规规范其行为。

（4）父母像教练，孩子学习一项技能时父母要指导训练。

（5）父母像啦啦队，孩子成功时父母需要在一旁为孩子呐喊鼓劲。

师：大家谈到了父母像教师、保姆、警察、教练、啦啦队等，一千个人眼中有一千个哈姆雷特，每位家长对父母角色的定位都有自己的理由，因为大家的认知不同，解读也就不同。

2. 问题浮现——质疑角色

师：接下来我们根据孩子出现的实际问题，来验证一下大家对父母角色的定位是否可以“包治百病”，是否可以“收服”一个个顽童？我邀请了小红的妈妈、小田的爸爸和我一起排练了情景剧《我该怎么办》。接下来请欣赏我们的表演。

（PPT 出示）

人物 1：小梅，今年 10 岁，老师扮演。

人物 2：小杜，今年 9 岁，小红妈妈扮演。

旁白：小田爸爸。

事件：小梅，三年级学生，学习上没有动力，过着当一天和尚撞一天钟的生活，但是她性格开朗，爱说爱笑。有一天大课间的时候，小梅看到同桌小杜的钢笔非常漂亮，就问小杜：“你的笔真漂亮，在哪里买的？我也想买。”“是我舅舅从厦门带来的，我们这儿没有卖的。”小杜说。小梅嘀咕着：“买不到，我也想要。”趁小杜没注意，顺手就“拿”走了。小梅拿回家的钢笔被爸爸发现了，爸爸询问后得知是小梅“偷”来的，二话没说揍了小梅一顿，小梅妈妈也非常生气，好几天没理小梅。

小梅因爸爸的暴力、妈妈的冷落，渐渐变得没有之前爱说爱笑了，慢慢地变成一个不想开口与人交流的孩子。

师：给大家透露一下，这是真实的故事，故事中的小梅是我去年教过的一个孩子，为了保护孩子的隐私我用的是化名。大家思考一下，你刚刚定位的父母角色遇到像小梅“拿”笔这样的真实问题时可以解决吗？

预设：

（1）有的家长说自己定位的父母角色是教练，但是在这个情景剧中，父母如果充当教练，是解决不了小梅的问题的。

（2）有的家长说自己定位的角色是老师，但是面对小梅的问题，不知道如何处理。

师：刚才在随机采访中大家说出了自己的疑问：自己定位的角色遇到现实问题时怎么就不灵了？那是因为我们不懂孩子的心理需求，不明白孩子的成长规律。我们要学会换位思考，假如我们是这个阶段的小孩，我们就有可能知道他们的想法。

过渡：接下来我们一起走进小梅的世界，看看孩子是如何想的。

设计意图

开篇让家长各抒己见，提出父母角色的定位，呈现很多感性的回答。观看情景剧，让家长明白自己先前认为的父母角色定位与现实产生了矛盾冲突时，应该如何处理。这就为接下来思考父母角色做好铺垫。

第二环节　柳暗花明——定角色

1. 角色转换——思考角色

师：我们一起听一听 10 岁小梅的心声。

（播放小梅“顺走”钢笔时的心里话）

大家好，我是 10 岁的小梅，我也不想拿小杜的钢笔。我学习不好，同学们也不喜欢我，我在学校没有朋友，很孤单。平时在我家小区，也没人和我玩。上次我看见有一个小朋友拿了一个好看的玩偶，就有很多小朋友追着她，和她一起玩。我想，假如我有一支那么好看的钢笔，下楼和其他小朋友玩的时候，可以给他们看我的漂亮钢笔，他们就会跟我玩，我就会有朋友了。

师：作为家长，大家可以理解小梅“顺走”钢笔的理由吗？为什么？

预设：

（1）有家长能理解，小梅拿别人的钢笔是表象，根本原因是孩子没有朋友，没有自信。

（2）有家长说这个年龄阶段同伴关系很重要，小梅期待有朋友。

2. 回归当下——复盘角色

师：接下来，请大家结合自己孩子出现的问题，复盘自己对父母角色的定位是否科学。

老师随机采访家长。

预设：

（1）没有读过家庭教育的书，有时凭着感觉教育孩子。

（2）有时自己会把不良情绪发泄到孩子身上，有时听取老一辈教育孩子的方法，有时会不自觉地复制父母教育自己的方式。

师：家长都反思了自己的角色定位，发现如果不懂孩子的内心需求，定位就会有偏颇。

3. 专家引领——定位角色

师： 接下来请大家观看一段视频，了解家庭教育专家李玫瑾老师对父母角色的定位。之后请大家相互交流、讨论，谈谈收获和认识。

分组讨论：

（1）按照班级的人数分组，如班级有40位家长，分四组讨论。

（2）按照专家提到的年龄阶段和相关阶段孩子发展的主要任务，家长展开谈论。教师可以让家长临时分工，如第一小组讨论婴儿期的话题，第二小组讨论幼儿期的，第三小组讨论童年期的，第四小组讨论青春期的。

（3）讨论完后，每组派一位代表汇报。

（4）班主任根据家长的汇报梳理出父母角色定位的关键词。

预设：

（1）第一小组：婴儿期，孩子0—3岁时父母承担了孩子的衣食住行，父母的角色是园丁。

（2）第二小组：幼儿期，父母就像保护刚刚长出翅膀的鸟儿一样，在孩子学习探索世界时，走在最前面为孩子保驾护航，父母的角色是护航者。

（3）第三小组：童年期，父母帮助提高孩子的自信非常重要，带领孩子发现特长，奠定自信心，父母的角色是领航者。

（4）第四小组：青春期，有家长说青年期的孩子情绪波动大，不喜欢父母絮絮叨叨，父母要试着用启发性对话与孩子沟通，父母的角色是启迪者。

师： 前四个小组根据孩子年龄阶段，讨论出了父母角色分别为园丁、护航者、领航者、启迪者。孩子成年后，有自己的小天地，凡事不会再依赖父母，这个时候父母就是欣赏者。经过大家的思考与讨论，在专家的引领下，结合孩子的实际，我们已经明晰了父母角色。父母在孩子的成长中承担了五种角色，每个阶段承担的任务不同，家长们要清晰地找准定位，方可助力孩子奔赴美好。

师总结： 家长们现在分析问题都带有专业的视角，考虑到孩子的发展特点，也感到做父母的承担着重大责任，我为大家的智慧点赞。

过渡：你有一个思想，我有一个思想，大家交换就有两个思想。希望大家把今天学习的经验内化于心，外化于行，运用到家庭育儿活动中进行实践。

设计意图 情景再现、专家引领、头脑风暴，让家长明白不能凭经验育儿，要具备成长型思维思考问题。父母角色的定位让家长对自己的定位更加清晰。

第三环节　相互推动——明角色

师：亲爱的家长朋友们，认知决定思维，思维决定行为，接下来我们做个游戏，看能否改变思维，让认知“升维”。

1. 做游戏“撕报纸”——悦纳孩子

（PPT 出示）

游戏规则

（1）游戏开始前，每张桌子上均放有一张大小一致的报纸。

（2）参与该游戏的人数：全班家长参与，2 人以上就可以进行。

（3）流程：请参与游戏的成员每人手拿一张报纸，闭上眼睛，按照以下指令进行：把正方形报纸对折—撕去右上角—再对折—再撕去右上角。以此重复，总共对折五次、撕去右上角五次。完成后，请睁开眼睛，并打开撕过后剩下的报纸形状，即游戏作品。

师：请每位参与者仔细观察所有游戏作品，大家有什么发现？

预设：不难发现，每个人的游戏作品都各不相同，即使有相似的，也是极少数。

师：请大家思考一个重要问题：报纸的大小、形状一样，大家听到的指令也一样，结果为什么会如此不同呢？

预设：

（1）每个人对指令（对折、撕去右上角等）的理解不同。理解不同，行为就有差异。

（2）每人的习惯不同。比如多数人习惯用右手撕，有的人则习惯用左手撕。

（3）闭着眼睛撕报纸，主要凭感觉，感觉会因人而异。

师小结：一个简单如“对折—撕去右上角”的指令，结果就如此千差万别，正是差异性让世界变得丰富多彩。世界上没有两片完全相同的树叶，正如我们的孩子一样。因此，我们要学会悦纳孩子的不同。

2. 运用优点瓶、缺点瓶——扬长避短

师：每一个孩子都是独一无二的个体，如何充分挖掘孩子的优点，以优点带动孩子的缺点，用看得见的变化让孩子越发自信？桌子的右上角有两个瓶子、马克笔、心型便利贴。请大家在一个瓶子的外面贴上优点的便签，另一个瓶子上贴缺点的便签，然后依据实际情况写孩子的优缺点。

温馨提示

建议列孩子的缺点每次最多三个，让孩子慢慢改变。如果缺点写多了，担心孩子有懈怠心理，优点可以多写一些。

师：优点瓶和缺点瓶使用方法是，回家之后家长与孩子商议，让孩子自己选择要改正的缺点。当孩子的缺点经过家长的协助，隔一段时间变成了优点，家长就可以把这个缺点纸条拿出来，放到优点瓶里，反之亦然。大家把每个瓶子里的优缺点数量数清楚，及时跟进孩子的变化。

师小结：巧做优点瓶、缺点瓶让孩子有努力的动力，每次看到改正一个缺点，他们就有满满的成就感，这也避免了家长总是盯着孩子缺点，频繁唠叨。

过渡：父母与孩子并肩进步，孩子才会更有动力。生活中父母的一言一行对孩子都有深远影响，想成就什么样的孩子，就要学着做什么样的父母。

设计意图 通过游戏引导家长悦纳孩子的不完美，让家长明白扬长避短的教育方法，依托优点瓶和缺点瓶，激励孩子健康成长。

第四环节 成长变样——优角色

1. 对照自画像——深度反思

师：接下来，请大家从下面的桌斗里拿出孩子为你绘制的画像“我心中的爸爸妈妈”，大家都看到了什么？

预设：家长拿出画像端详，陷入沉思。

师：孩子对您形象的刻画源于平时的观察，您的一举一动都被孩子看见甚至被模仿。接下来请大家进行深度复盘，与自己对话，查找自己平时的不足，写在为大家准备的“我的育儿自画像”表格里。

我的育儿自画像		
继续保持的优点	有待提高的地方	育儿愿景

预设：家长对照反思，认真填写表格。

2. 书写梦想卡——相互赋能

师：生活中我们要有低头拉车的坚持，还要有抬头看路的梦想。现实与梦想结合才是完整的人生。父母是孩子的精神引领者，在实现梦想的道路上带领孩子成长，实现双向奔赴。

（PPT 出示）

家长梦想卡

我们都是追梦人			
学期目标	行动指南	完成情况	梦想见证人
工作			
学习			
育儿			
追梦人：		梦想导师：	
追梦宣言：			

学生梦想卡

无梦想，不少年			
学期目标	行动指南	完成情况	梦想见证人
德			
智			
体			
美			
劳			
追梦人：		梦想导师：	
追梦宣言：			

师：梦想卡以学期为一个单位，可以从学习目标、工作目标等几方面来写。学生的梦想卡会后由家长带回家给孩子，协助孩子完成。父母与孩子相互激励，共同达到目标，实现梦想。由于时间有限，暂未完成梦想卡任务的家长可以回家继续完成。梦想卡的书写是对家长持续学习的提醒，也为孩子

树立了榜样。

师总结： 希望我们的父母从当下开始行动，开始改变。因为父母改变了，孩子才会改变。

设计意图 家长通过欣赏孩子绘制的父母画像，开始了自我觉察、自我反思，并借助“我的育儿自画像”清单以及梦想卡，与孩子实现共同成长。

会议总结

亲爱的家长朋友，“父母是孩子的镜子，孩子是父母的影子”，你就是孩子的起点，你是什么样孩子就是什么样。从今天开始，让我们做好孩子的领航者，建立成长型思维，加强自身学习，成为孩子生命中的贵人。

会议延展

（1）家长与孩子一起完成梦想卡，写完粘贴在家中显眼的地方，每完成一项目标就为自己画个笑脸。

（2）每一个月与孩子汇总一次优点瓶、缺点瓶，不间断地提醒与鼓励孩子。

（3）针对这次家长会的困惑，家长可以发到微信群，老师随时解答。

（河南省郑州大学实验小学　何蕊）

04. 阅读习惯：“阅”来越好

背景分析

统编教材的实施和2022年版义务教育课程标准的出台，让“阅读影响孩子的终身发展”这一观念，成为越来越多人的共识。《义务教育语文课程标准（2022年版）》提出，第一学段（1—2年级）课外阅读总量不少于5万字。语文教材总主编温儒敏说：“语文教学通常讲‘听说读写’，哪一样最重要？‘读’最重要，应当把阅读放在首位。”“提高语文教学效果可能有各种各样的办法，但最管用最有效的，还是读书，是培养读书兴趣，这是关键，是‘牛鼻子’。”

小学一年级孩子可塑性强、模仿能力强，正是培养阅读习惯的好时期。然而现实中有不少家长尽管总想培养孩子良好的阅读习惯，但效果不佳，或缺乏科学的方法，或不能持之以恒。这次的家长会就为大家支支招。

本次家长会参与对象是一年级学生家长，时间是一年级下学期6月份。

会议目标

目标	家长	学生
知识层面	了解孩子的成长和认知规律，了解孩子的阅读现状。	阅读富有童趣的图画书、儿歌集等儿童读物。

续表

目标	家长	学生
能力层面	有效运用六种方法培养孩子的阅读兴趣，让孩子爱上阅读。	对阅读感兴趣，有一定的阅读能力；在阅读中识字，获得知识，懂得道理。
态度层面	理解并接纳孩子在阅读中出现的各种问题，愿意通过积极的学习寻找解决办法。	坚持阅读，养成热爱阅读的良好习惯。

会议准备

1. 材料准备

准备好活动中用到的表格、课件、纸箱、书。

2. 环境准备

教室打扫干净，桌椅摆放整齐。

3. 其他准备

（1）问卷调查。

（2）拿一个纸箱，周围用黑色纸包裹，在上面开一个小孔用于开展游戏。

调查问卷

家长朋友，为了更好地帮助孩子养成读书的好习惯，让孩子爱上读书，现邀请您完成以下问卷，请如实填写。问卷内容保密。

1. 您的孩子几岁开始接触书？

____

2. 您家里大概有多少本适合孩子阅读的书？

____

3. 您的孩子在家里读书情况如何？

A. 从来不读书　B. 偶尔读书　C. 经常读书

4. 您的孩子每天读书的时间大概有多长？

A. 半小时以内　B. 一两个小时　C. 更长时间

5. 孩子喜欢读哪方面的书？（多选）

A. 识字类　B. 人物故事类　C. 成语故事类　D. 其他

6. 作为家长，您是如何引导孩子读书的？（多选）

A. 给孩子多买书　B. 带孩子去图书馆

C. 陪孩子读书　D. 其他 ________（如有其他方式请写出具体内容）

7. 您的家庭中，谁陪孩子读书？

A. 没人陪孩子读书　B. 爸爸或者妈妈　C. 有人陪，但不固定

8. 您认为孩子在家读书有哪些困难？（多选）

A. 家里书比较少　B. 家里没人陪伴孩子读书

C. 孩子不愿意读书　D. 家长不知道怎么帮孩子选书

E. 家长不知道怎么引导孩子读书　F. 其他________（如有其他困难请写出具体内容）

9. 家长在家是否读书？

A. 是　B. 否

10. 作为家长，在孩子读书方面您有哪些困惑？你需要什么样的帮助？

____

会议过程

师： 读书的重要性大家都知道，古今中外也有很多相关名言，如汉代刘向的“书犹药也，善读之可以医愚”，高尔基的“书籍是人类进步的阶梯”等。我们很想帮助孩子从小养成爱阅读的好习惯，可现实有时候总是事不遂愿。作为家长，我们用什么科学方法引导孩子读书？用什么方法让孩子越来越喜欢读书？用什么方法让孩子快乐读书呢？今天，我们将从以下三个方面探讨这个主题。

过渡：家长朋友们，我们先不要急于寻找方法，先找找孩子在阅读过程中存在的问题，明确了问题，我们才能找到解决问题的方法。首先我们进入第一个环节——闷闷不“阅”，先看两个情景。

第一环节　闷闷不“阅”

师：在寻找方法之前，我们要先了解孩子读书中遇到的问题，才能对症下药。下面先看两个情景，我们来聊聊天，轻轻松松地帮您找到问题所在。

情景一：

晚饭后，妈妈一边刷碗一边说：“儿子，吃过饭了赶快读绘本。”

六岁半的儿子撅着小嘴不情愿地说：“妈妈，不嘛，刚吃过饭，让我玩一会儿。”

情景二：

星期六上午，妈妈坐在沙发上，招呼刚上小学一年级的儿子说：“儿子，别玩玩具了，过来我们读一会儿书。我听说你们班学习最好的小丁每天一有空余时间就读书。来，今天上午我们也坐这儿好好读读书。”

儿子：“妈妈，我正忙着呢，我的玩具小房子还没完工呢。”

师：情景中的妈妈觉得自己的孩子不读书、读书难，其实是因为她们没有找到合适的方法。说到这儿，您一定很想知道引导孩子读书有哪些好的方法。

1. 聊阅读

主题：交流自家孩子的阅读状态。

形式：家长自由组合，自由讨论，毫无保留地谈论孩子在生活中真实的读书状态、家长的困惑等。

2. 说问题

请家长说一说自家孩子的阅读现象及阅读中存在的问题。

预设：

（1）家长给孩子准备了很多书，孩子不想读。

（2）家长带孩子去图书馆读书，孩子三心二意，看看这儿，翻翻那儿，就是不能专心读书。

（3）孩子不读书，家长就着急，就想批评孩子。

（4）家长不知道该让孩子读哪些书。

（5）孩子读书三分钟热度，不能坚持。

（6）家长让孩子读书，孩子就找各种借口推脱。

老师把孩子不喜欢读书的现象列出来。

3. 找原因

（1）家长的原因：家长没有引导孩子读书，自己一边玩手机一边却希望孩子认真读书；家长不了解这个年龄段的孩子的心理特点和成长规律，引导方法不得当，急于求成。

（2）孩子的原因：这个年龄段的孩子不喜欢读书，或许是因为识字量不够，打消了他读书的积极性；或许是因为孩子没有从读书中获得快乐；或许是因为孩子还没有发现自己喜欢读的书……

（3）环境的原因：这个年龄段孩子的生理、心理特点决定了他们很容易受到环境的影响，因此，创造有利于孩子读书的环境，更能培养孩子良好的读书习惯。

过渡：家长们都希望自己的孩子能爱上读书，书架上摆满了书，可是孩子就是不喜欢读，家长心里真是又气又恼又着急。其实，如果我们能找到切实有效的方法引导孩子读书，家长就会有意想不到的收获。下面跟大家分享几个培养孩子读书的好方法。

设计意图 让家长在轻松、愉快、自由的环境中畅所欲言，更能真实地反馈信息，老师更能搜集到孩子目前读书的真实状况，也有利于下一步对症下药、解决问题。

第二环节　跨“阅”障碍

师：跟大家分享的第一个方法，很简便，也易于操作，只要家长多留心就能达到。

1. 唾手可得法

（PPT 出示）

小实验：感受距离

请家长回家跟孩子做一个小实验：家长把孩子平时看的一部分书（可以是七八本，可以是几十本）分开放在两个地方，一部分放在电视柜的旁边，另一部分整齐地摆放在高高的书架上。跟孩子约定，每天下午吃过饭有半小时的读书时间。家长观察，看看孩子最喜欢去哪儿拿书看。

师：您认为孩子会经常看放在哪里的书？为什么？

预设：

（1）孩子会看电视柜旁边的书，因为这里的书方便拿。

（2）孩子会看电视柜旁边的书，因为他很容易就够得着。

师小结：近水楼台先得月，这是大家都知道的简单道理，如果我们想让孩子养成阅读的习惯，就要让书离孩子更近一些。让拿书成为孩子一个自觉的动作，让看书成为孩子生活的一部分。

2. 悬念吸引法

师：下面给大家分享第二种方法。请 20 位家长来到台前，配合老师完成一个小游戏。

（PPT 出示）

游戏：黑洞里有什么？

拿两个完全相同的纸箱，一个纸箱上面敞开口，里面装几本孩子平时看的书。另一个纸箱的外面贴上一层黑色的卡纸，箱子上面开一个小口，里面也装同样的几本孩子平时经常看的书。两个纸箱并排放在讲桌上。

游戏规则：请 20 位家长陆续走到台前，每一位家长经过两个纸箱的时候，分别做一个动作，动作要随意且不思考。请其他家长用心观察台上家长的反应，并说出自己的发现。

师：请坐在座位上观察的家长说说自己的发现。

预设：

（1）大部分家长都会往只开一个小口的黑色箱子里看，而对于敞开口的箱子却没有太多关注。

（2）上台的家长会这儿看看，那儿看看，但在只开一个小口的黑色箱子前看得最仔细。

师小结：刚才很多家长在经过两个箱子的时候，会有意识地去看黑色的箱子，透过小洞看黑色的箱子里有什么。这就是人与生俱来的好奇心。对于孩子来说，他们有更强烈的好奇心，这时家长就可以充分利用这一点去引导孩子读书。如果家长想让孩子读哪一本书，就可以有意地渲染这本书吸引人的地方，如“这个小女孩的裙子怎么飞到天上了？”“小白兔的尾巴怎么比孔雀的尾巴还长呢？”“天黑了，小鸭子为什么还不回家呢？”这样，就能吸引孩子的好奇心，激起孩子读这本书的欲望。

3. 小老师讲课法

师：家长只要留心观察，用心思考，就能发现让孩子爱上阅读的好方法，下面这个方法就来自孩子的日常生活。

师：我们的孩子正处于一年级向二年级的过渡时期，年龄还很小，引导孩子读书，更多的还需要家长去“扶一扶”。家长陪孩子一起读书，和孩子一起探讨书中的内容，能更好地培养孩子读书的兴趣。如果家长留心观察，就会发现，孩子从上幼儿园开始，放学回家特别喜欢做一件事情——当小老师，甚至有时候会拉着家人，非要家人听他讲课。这时家长就可以邀请孩子当小老师，自己当学生，请孩子给自己讲一讲读过的书。孩子要想给家长讲书中内容，他自己就要先好好读书。

4. 表扬鼓励法

师：孩子当起小老师乐此不疲，有时候还会把同一个内容反复讲，这时，需要家长耐着性子陪伴。在陪伴的过程中，家长要给予孩子表扬和鼓励，激发其阅读的积极性。下面就给大家介绍表扬鼓励法。

（1）情境体验：互相表扬。

请家长选择自己前后左右任意相邻座位的家长组成一组，仔细观察对方，发现对方的一个优点，用认真的态度、恰当的语言给予对方表扬。

（2）填写表格。

被表扬内容	
对方的表扬语言	
受表扬时的感受	
自己的感悟	

师小结：我们亲身体验就会感受到被他人表扬时内心的愉悦，哪怕只是一个小小的点，心里也是很开心的！每个人都希望被表扬，表扬如山间的微风，带来沁人心脾的美好体验；表扬如炎热夏天里的冰淇淋，给人清凉舒爽的美妙体验；表扬如一剂兴奋剂，给人力量，催人奋进。所以，我们决不能吝啬对孩子的表扬。家长越表扬，孩子越努力，也就越喜欢阅读。

5. 固定时间法

师：学会了表扬，请大家跟老师一起回顾生活中是否有下面这样的经历：家里养了宠物猫，你每一次喂猫的时候都要摇一摇小摇铃，等以后你再摇铃的时候，猫就知道你要喂它了；家里有两三岁的小宝宝，小宝宝看到你每次进家门都要换拖鞋，慢慢地他就记住了你这个做法，当你再一次回到家时，一进门，小宝宝就会主动给你拿拖鞋；戴眼镜的人，如果经常用手指往上推眼镜，突然有一天，忘记了戴眼镜，这时也会不由自主地用手指去推，结果就会发现，其实并没有戴眼镜，但这个推眼镜的动作已经成为习惯……这些现象就是心理学上的条件反射。

师：让孩子养成良好的读书习惯，最好能固定读书的时间，如每天睡前读书半小时，让孩子的读书也像刚才的这些做法一样成为条件反射。坚持的时间越长，这个好习惯会在孩子身上产生更长远的效果，甚至为孩子一生的学习和生活打下坚实的基础。把孩子的读书情况记录在下表中，更利于孩子"读书条件反射"的形成。

日期	读书时间	书名	奖励

师：上面这个表格是让家长帮助孩子持之以恒去读书，但仅仅是固定时间，读一段时间后，孩子容易疲惫，如果能配合使用下面的方法，就会有意想不到的效果。

6. 金字塔奖励法

师：奖励永远对孩子有诱惑力。对于七八岁的孩子来说，无论是物质奖励还是精神奖励，效果都很好！孩子们虽然年龄小，他们的目光可不短浅，他们希望得到持之以恒的奖励，不喜欢三天打鱼两天晒网式的奖励。金字塔式的奖励方法对孩子来说最有挑战性、最有动力、最有成就感。

奖励规则：

（1）每天吃过饭，读书半小时，奖励一个大拇指图案。

（2）每天自觉读书，不需要家长陪伴，奖励两个大拇指图案。

（3）连续一个星期得到奖励，再多加一个大拇指图案奖励。

（4）十个大拇指图案可以换一个愿望卡，就可以实现一个愿望。

师总结：今天给大家介绍的这六种培养孩子读书的方法，它们之间并不是孤立的，而是有机统一的，可以单独使用一种方法，也可以几种方法同时使用，大家结合实际情况而定。

设计意图

以上六种方法有的是让家长实际操作，增强体验，能让家长多一些观察和思考，能给家长带来更多启发；有的是通过心理学实验，让家长切身感受到孩子的好奇心如果被调动起来，可以更有效地激发阅读的兴趣；有的是让家长体验受表扬时的愉悦感受，换位思考，激励家长多表扬孩子的读书情况。而金字塔奖励法更有利于培养家长、孩子持之以恒的做法。如果做到了，习惯就养成了，效果就有了。

第三环节　跃“阅”欲试

师：刚才我给大家介绍了六种让孩子爱上阅读的方法。现在请家长小组讨论，针对自己家孩子的读书状况可以采用哪种方法，您准备怎么实施这些方法？

家长小组讨论，之后小组代表发言。

预设：

（1）有家长说准备用悬念吸引法和你问我答法，这样，可以边陪伴边引导，效果会更好。

（2）有家长说准备隔一段时间换一种方法试试，这样，既有新鲜感，又能总结出哪种方法更适合自家孩子。

师总结：我们都知道 21 天能养成一个习惯。当我们运用上面的读书方法，让孩子坚持 21 天，并继续坚持下去，就会发现，孩子爱上阅读不再是一件困难的事。渐渐地，孩子的阅读就成为一种习惯，一种天性般的自然状态。

设计意图 这个环节是对本次家长会的消化吸收。家长来学校开家长会，很容易三分钟热度，听的时候热血沸腾，回到家就忘得一干二净，这个环节给家长加固印象，以便回家能落实。

会议总结

“不积跬步，无以至千里。”“千里之行，始于足下。”“滴水穿石，非一日之功。”再巧妙的方法也要脚踏实地去落实，才能有效果；再好的天性也要在后天良好的环境和培养中，才能熠熠生辉；再普通的孩子，如果能把阅读习惯坚持下去，终有一天，会惊艳众人！

会议延展

（1）问卷追踪：

①您尝试的方法中，哪些方法最有效？

②您实施过程中哪些方法出现了问题？问题是什么？

③您运用这些方法培养孩子阅读习惯的过程中，孩子有哪些改变？

④您运用这些方法，经过多长时间培养了孩子自觉阅读的习惯？

⑤您培养孩子阅读习惯的过程中，感受和体验是什么？

⑥在培养孩子阅读习惯方面，您还有哪些疑问和困难？

一个月后收回此问卷。

（2）每个月在班级开展一次读书展示活动。

（3）学期结束评选“书香学生”和“书香家庭”。

（河南省开封市理事厅街小学　郭俊美）

05. 家风教育：

家中有“佳”风

背景分析

良好家风是优良品质在家庭中的积淀和传承，是家庭留给每个成员的宝贵精神财富。古有仁智礼义信，今有勤孝谦和思，良好家风因背景各异，各有千秋。毛泽东教导子女要坚持原则、不搞特殊化，周恩来给家人定下“不许请客送礼”等十条家规，焦裕禄教育自己的孩子不能“看白戏”，杨善洲不让家人搭“顺风车”。

小学二年级的学生正处于正确价值观形成的重要阶段，家庭中的每位家长都是孩子的第一任老师。尊重他人、团结互助、勤俭节约等优良家风，对于塑造孩子性格、增强孩子自信、培养孩子良好习惯有重要作用。

本次家长会参与对象是二年级学生及其家长，时间是二年级上学期开学之初。

会议目标

目标	家长	学生
知识层面	了解什么是良好家风的关键点。	了解什么是良好的家风，包括家庭成员之间的关系、家庭的价值观、家庭的生活习惯等。

续表

目标	家长	学生
能力层面	将好家风的传承落实于行动，引导孩子养成好的习惯，帮助孩子树立正确的三观。	学会尊重、体谅他人，勤俭节约，学会做家务，培养好的学习习惯等。
态度层面	认识到家风教育的重要性，营造和谐家庭氛围，成为孩子学习和生活的榜样。	乐于传承好家风，尊重父母、老师和长辈，珍惜家庭和谐。

会议准备

1. 材料准备

准备粉笔、马克笔、圆形彩色卡纸、磁力扣、黑板贴。

2. 环境准备

用 PPT 设置家风主题背景，在文化墙上布置家风系列学生作品，准备背景音乐《菊次郎的夏天》。

3. 其他准备

家长会前让学生手写邀请函，教师统一邀请函的材质、格式和内容，内部版面可以由学生发挥创意，自由美化，或教师直接在微信家长群中群发电子邀请函。

邀请函

亲爱的家长：

家庭中，父母的言传身教对于小学二年级的小朋友来说尤为重要。我们希望通过本次家长会，与您分享关于良好家风的一些看法和实践，探讨如何在家庭中营造良好的氛围，培养孩子良好的品德和习惯。希望您在百忙之中抽出宝贵时间如约参加咱们班举行的“家中有‘佳’风”主题家长会。

时间：××年×月×日（星期×）×时

地点：××教室（或学校会议室）

会议过程

师：各位家长朋友，大家好！现实生活中，我们常常发现，如果父母很优秀，孩子优秀的概率就会很大。这是为什么？是家庭提供了物质基础，还是家长的言传身教起了作用？今天，让我们一起走进“家中有‘佳’风”主题家长会，寻找答案。

第一环节　“风”聚大观园

1. 歌曲唱家风

师：什么是好家风？可能每个人都有不同的答案。先听听可爱的同学们带来的歌曲《中国好家风》吧！

（播放歌曲，并出示 PPT）

家教家训传儿郎
（　　）不敢忘
尊师重教（　　）
（　　）情怀记心上
……

师：歌曲听完了，歌词中的好家风您听出来了吗？哪位“记歌词”的高手能把歌词补充完整？

预设：家长在括号中填上孝悌忠信、敬爹娘、爱国等。

小朋友为家长送上“家风定制书签”等小礼品。

2. 黑板晒家风

师：中国好家风有丰富的内涵，您家有哪些优秀的家风值得我们借鉴和学习呢？请您用桌子上的马克笔在纸上写下您家的家风，写完后可以用磁力扣把您的答案贴在黑板上，当然您也可以直接用粉笔在黑板上写下您家的家风。

家长们思考后，认真书写。

预设：

家风大观园
活到老，学到老　　兴趣是最好的老师　　天道酬勤　　俭以养德
遵守规则　　朴实　　爱　　正大光明　　长乐永康
宝剑锋从磨砺出，梅花香自苦寒来　　孝当竭力，知恩感恩
欲高门第须为善，要好儿孙必读书！　　谨言慎行，踏实做人
乐观向上，诚实友善　　以“和”为贵……

3. 众口说家风

师：各位家长写完了，我看到有的家风家训比较简洁，只有一个字，有的则是一句话、一首诗。大家对哪些家风家训比较感兴趣呢？我们稍后邀请几位家长来讲讲自己家风背后的小故事。

预设：“欲高门第须为善，要好儿孙必读书！”“以‘和’为贵”等。

师：下面有请 ×× 家长分享一下吧，大家掌声欢迎！

师总结：一个词，一句话，一个家里的故事，一段家庭的记忆，都是家风的载体。

过渡：家风从每一个家庭灵魂的最深处吹来，吹在孩子成长的必经之路上，对孩子的一生都将产生重要的影响。

设计意图 以童声歌曲引出今天的话题，借歌词共话好家风丰富的内涵，鼓励家长分享自己家的优秀的家风，并讲述家风背后真实动人的小故事，引起家长们的共鸣，奠定好家风主旋律。

第二环节 “风”含成长意

师：好家风和坏家风究竟有何影响呢？我们看一看不同家风里成长的孩子吧。

1. 好家风：春“风”化雨

播放央视公益广告视频《妈妈洗脚》。

师：1999年距今已经20多年了，但是每当我们看到《妈妈洗脚》这则公益广告，仍然感动不已。好家风的力量坚定而持久，不断创造着奇迹。下面的这则新闻就是有力的证明。

（PPT出示）

山村好家风 助飞22名大学生

有爱的家庭氛围源自李光忠、陈国英夫妇两人一直以来对家风建设孜孜不断的努力。夫妇俩育有9个子女，子孙四代培养出22名大学生，有7人是教师。这对于偏远山村的家庭来说，实属不易……

……

“严以修身，忠党爱国，忠孝并举，读书为先……”李光忠家里的墙上，挂着一幅边框已有些褪色的家训。老人虽年事已高，却依然能熟背这44个字。

……

好家风的传承重在对子女的教育。“做事做官先做人”，这是老人最常挂在嘴边的话。

二儿子李春富上世纪70年代是民办教师，因为嫌每月10元钱的工资低，想改行去电站，就跑去找乡里的魏书记“走后门”。没想到回家后，挨了李光忠一顿臭骂：“你要是一个人图安逸走了，学校的娃儿谁来管？”听着父亲的教诲，望着墙上的“家训”，李春富打消了辞职念头，在学校一直干到退休。

……一个月前张祥辉向老人借了1000元用于买牛发展生产，现在手头宽裕了，就赶忙来还。

上世纪80年代，羊场镇的陈光强考上大学，交不起学费和路费，李光忠老人给了80元钱；素不相识的李中文娶媳妇没钱，他给了100元钱……妻子陈国英已经记不清丈夫到底拿了多少工资接济别人。

让李光忠感到欣慰的是，孩子们并没有因此埋怨他，而是把父亲当作追赶的目标。大女儿李春华回忆说，小时候时常觉得父亲是一棵伟岸的大树，为周围的人遮阴。

——摘自《老党员李光忠陈国英夫妇：山村好家风　助飞22名大学生》，载《人民日报》2017年2月8日

师：各位家长，你们觉得是哪些家风助飞乡村夫妇培养出22名大学生呢？

预设：

（1）李光忠夫妇重视对子女的教育，不徇私舞弊。

（2）李光忠夫妇有一颗热心，乐于助人。

师：是啊，好的家风春风化雨，能够不断滋润孩子们的心田，教他们踏实做人，认真做事。

2. 坏家风：狂“风”暴雨

师：请看PPT，这里有两位大学生的简介，您更喜欢他们中的哪位呢？

（PPT出示）

第一位：长相帅气，家境富裕，钢琴十级，多才多艺，是某音乐学院的大三学生。

第二位：家境贫寒，非常努力，是省三好学生，曾获得全国奥林匹克物理竞赛二等奖，成功考入某211高校。

预设：家长选两个答案的均有。

师：揭晓答案，这两个人分别是药家鑫和马加爵。

预设：家长非常震惊。

师：当年震惊全国的药家鑫和马加爵事件大家都知道，如果只看光鲜亮丽的简历，我们不可能把他们与现实中的所作所为联系起来。作为成年人，他们要为自己犯下的罪恶承担责任，但是他们的家风教育是否就毫无干系呢？以马加爵为例，其原生家庭一直为其灌输“贫穷观”，导致他太在乎别人的评价，被自卑压得喘不过气来。如果能换一种轻松愉悦的家风，或许结局大不相同。坏家风的例子还有很多，我们去一则新闻报道中一探究竟。（播放视频《云南孙小果案》片段）

师：视频看完了，您觉得这样的悲剧之所以发生，和他的家风有什么关系呢？

预设：孙小果的父母对他过于溺爱，什么要求都满足，最终导致他一步步走向犯罪道路。在孙小果犯罪后，他们不仅不引以为戒，还靠着“钱和关系”为他减刑，最后让他走向更大的深渊。

过渡：种什么样的因，大概率会得到什么样的果，家风看不见、摸不着，但是影响十分深远。

设计意图 通过好坏家风事例的对比，凸显家风对孩子成长的重要作用，引导家长重视好家风的营造，警惕不良家风的危害。

第三环节 “风”像这样吹

师：好家风的重要性不言而喻，可是在孩子成长的道路上，家长应该如何做才能让良好的家风“吹”到孩子的心灵深处呢？

1. 逆“风”向上：改变6个小习惯

师：活动进行到现在，各位家长肯定都认识到了好家风的重要性。家风传承的第一步应该是营造一个好家风，培养几个好习惯。现在，就让我们从改变生活中的坏习惯开始。请家长和孩子聊一聊，孩子最想让您改变的6个不好的习惯是什么，请你们一起商量这些要求是否合理，这 6 个习惯是否可以通过努力改变。请尊重孩子们的想法，若真的不能改变，请和孩子好好沟通换一换，商量好后请写在约定签上。现在有请我们的宝贝入场。

2. 谈笑“风”生：动听话语翻译官

师：作为家长，我们总是希望孩子越来越好。有时过于关心，就会喋喋不休，碎碎念个不停。这导致孩子们总是不领情，不愿意听我们唠叨，有时甚至会和家长对着干。但道理还是要说，不过要用对方法。营造良好的谈话氛围，才能在谈笑间传承好家风。下面我们来玩一个小游戏：“动听话语翻译官”，看看哪位家长能把我们生活中常见的唠叨话变得更有趣，使孩子更喜欢听。

（PPT 出示）

挑战一：你看看，又不好好吃饭，这样怎么能长身体呢！

挑战二：自己的东西自己要收拾好，不要把房间里弄得这么乱。

挑战三：作业天天忘记带……

预设：

（1）米饭姐姐说想到你的肚子里去游玩，快点张开嘴巴欢迎她们吧！多吃饭长身体，你们班这学期拔河能不能赢就靠你啦！

（2）哎呀！你的语文书迷路啦！他的家不是在书包里吗？快把他送回去吧！小心他逃跑，一去不复返了！

（3）你的作业每天都对你施“遗忘魔咒”，如果写完后不及时收好，明天你就忘带啦……

师：我们的家长真是“一级翻译官”，能把平时的唠叨翻译成孩子乐于接受的话，真是好话顺耳利于行啊！请我们的同学为几位家长送上小礼物。

3. 听“风”是雨：小小进步能看见

师： 成长需要鼓励，当我们发现孩子的一点进步，不妨“小题大做”，听“风”就是雨，给孩子戴高帽子，在公开场合和网络平台表扬孩子的行为，这样可以强化他们的良好习惯，塑造正确的价值取向，将良好家风潜移默化地传递下去。

师总结： 习近平总书记说，“家风是一个家庭的精神内核”“家风是社会风气的重要组成部分”。但好家风也需要以正确的方式“吹”向孩子，才能助力他们养成正确的“三观”（世界观、人生观、价值观）。

设计意图 科学支招，结合趣味活动为家长营造好家风、传承好家风提供切实可行的方法。

第四环节 “风”儿代代传

师： 每个家庭都希望好家风能够传递下去，然而这个过程十分考验我们家长的智慧。

1. 记祖训——家风荟萃挑战赛

师： 好家风代代相传，咱们班将开展“记祖训——家风荟萃挑战赛”活动，欢迎各位家长以家庭为单位积极参与。

（PPT 出示）

比赛规则

参赛对象：所有家庭都可以参加比赛，每个家庭组建一支队伍。

参赛口号：每支队伍提供一个有代表性的家风或家训作为口号。

初赛：所有参赛家庭将通过抽签随机分组，进行答题比拼，每组答题时间为 20 分钟。答题环节，每组将通过在规定时间内回答尽可能多的家风家训问题来获取积分。每题得分根据难易程度而异，答对难题积分将更高。积分高的家庭将晋级到决赛环节。

决赛：决赛将是最后一轮比赛，由晋级的家庭参加。决赛比赛模式将是“PK 赛”，每个家庭派出一名代表进行问答比赛。每个代表有 30 秒时间回答问题，答对加分，答错扣分。最终得分高的家庭将获得胜利。

奖励：获胜家庭将获得图书或文化纪念品，以表彰他们的积极参与和努力。

2. 寻榜样——“最美家风”进万家

师：身边的榜样总能给予我们前进的动力，身边的好家风值得我们学习。为树立优良家风、弘扬家庭美德，我们将举行“最美家风”评选活动，将各个家庭的家风故事集结成册，让最美家风“吹”进万家。主要流程如下：

（PPT 出示）

1. 根据传承好家风的宗旨，确定评选标准。

2. 收集参选家庭的基本情况、家庭成员的事迹、家庭教育的实践等信息。

3. 根据评选标准和收集的信息，初步筛选符合条件的家庭；通过多种形式，如社区宣传、网络投票等方式，进行评选活动。

4. 公示评选结果，并邀请“最美家风”获奖家庭进课堂，以鼓励更多家庭传承好家风。

设计意图 “记祖训——家风荟萃”挑战赛鼓励更多家庭学习传统文化中的优秀家风家训，从中汲取优点为己所用；评选班级“最美家风”树立正面榜样，鼓励各个家庭重视树立、传承良好家风。

会议总结

亲爱的家长朋友们，家风是沉潜于骨子里的修养，是一种并不陡峭的高度。家庭环境的潜移默化深刻、持久地影响着我们，也影响着孩子，这些美好的品质值得推广。让我们言传身教，以微小而坚定的行动传承良好家风！

会议延展

会后，老师和家长可以开展以下活动：

（1）利用问卷星进行家长复盘，调查家长对本次家长会的满意程度及各个环节设置的合理性。

（2）推荐“最美家风”入选者参加学校层面的“最美家风”比赛，将此类比赛常态化，每学期举行一次。

（3）将各个家庭的家风故事集结成册并进行数字化，定期迭代更新，利用学校公众号宣传、展示家风榜样。

（浙江省杭州市春晖小学　齐传鹏）

06. 好好说话：家长这样说，孩子愿意听

背景分析

2022 年 1 月 1 日颁布实施的《中华人民共和国家庭教育促进法》明确指出，未成年人的父母与孩子要“平等交流，予以尊重、理解和鼓励”。现在不少父母爱着孩子的同时，又说着伤害孩子的话语；明明满怀关心和爱，却不知如何正确表达，从而导致亲子沟通不畅或者孩子产生厌倦情绪。家长学会与孩子正确沟通，才能建立良好亲子关系。

二年级的孩子比较依赖父母，且表达能力有限。此时，家长能通过语言进行引导，至关重要。所以，在此时期，父母对孩子一定要好好说话，正确表达，通过良好的沟通为孩子赋能，收获和谐而愉悦的亲子关系。

本次家长会参与对象是二年级学生家长，时间是二年级上学期期末。

会议目标

目标	家长	学生
知识层面	了解孩子的年龄特点，懂得用恰当的方式与孩子沟通；明白好好说话有利于建立良好的亲子关系。	知道应该用合适的方式表达自己的需求。

续表

目标	家长	学生
能力层面	提升家长与孩子沟通的能力；能用心倾听，并能运用恰当的方式与孩子进行沟通。	能清晰表述自己的意图，能与父母好好沟通。
态度层面	愿意站在孩子的角度，耐心听孩子表达；用心对待孩子的任何问题，与孩子好好说话。	相信父母；愿意听父母的建议，与父母好好沟通。

会议准备

1. 材料准备

准备笔、纸、PPT。

2. 环境准备

布置黑板，座位设置成六人围坐的形式。

3. 其他准备

（1）教师指导学生提前做好个性邀请函，并设计好邀请函内容。

（2）教师提前阅读大量有关亲子沟通方面的文章。

（3）教师提前调查班级亲子沟通佳的家庭及亲子矛盾激烈的家庭，并询问他们是否愿意分享或是否愿意让大家帮忙支招。

（4）提前准备好采访录音。

采访问题：爸爸妈妈平时怎么提醒你们打扫卫生的？爸爸妈妈平时怎么提醒你们跟人打招呼的？……

会议过程

会议开始前可播放学生在学校的日常和班级活动的照片或视频，拉近与家长的距离。

师： 亲爱的家长朋友们，大家好！欢迎来到咱们 ×× 班教室参加今天的家长会！在座的爸爸妈妈都希望有个听话的孩子，其实啊，孩子愿不愿听爸爸妈妈的话，取决于家长怎么说。请看今天的会议主题——家长这样说，孩子才愿意听。

第一环节　设置悬念，引发思考

师： 现在我们来进行一项热身小活动：我说你答。

教师读出孩子的话，现场随机选家长回答。

孩子说："妈妈（或爸爸），我好累。"

家长说：________________

孩子说："今天的菜不好吃，我不吃了。"

家长说：________________

孩子说："我不穿外套，我不冷。"

家长说：________________

师： 大家听到这些话语，是不是觉得很熟悉？我们平时与孩子交流的时候，大多是想到什么就说什么，或者根据我们已有的经验来回答孩子，而且并不觉得这有什么不对。在日常生活中，我也常听到有父母抱怨："现在的孩子真是很不听话，好好地同他讲道理，他却不以为然，道理比你还多，有时还把我们父母的话看成没有意义的唠叨。总之一个字——烦！"您看，父母为孩子烦，孩子嫌父母烦。

过渡： 我们到底该如何与孩子说话呢？有什么技巧吗？当然有。但现实生活中有不少家长却不以为意，他们说："我每天都在和孩子沟通啊，送他上学的时候、吃饭的时候、陪他学习的时候 .... 我总是告诉孩子很多。"家长朋友请注意，关键就在这儿——"告诉"，难道孩子不懂吗？或许，只是这种命令的语气激起了孩子的逆反心理，使孩子不愿好好听罢了。

设计意图

热身活动，唤醒家长的体验，体会平时对话模式下孩子的感受，引起家长反思，继而重视今天的家长会，并在接下来的环节中用心学习方法。

第二环节　举例论证，传授方法

师：俗话说："良言一句三冬暖，恶语伤人六月寒。"语言可以是一剂抚慰心灵的良药，也可以是一把伤人于无形的尖刀。父母的一言一行都在潜移默化中影响着孩子。今天我们对孩子说了什么样的话，就可能决定他明天成长为什么样的人。语言无形，但当它从我们口中说出来时，却成为拥有强大力量的武器。用得好，便能建立良好的亲子关系，反之则会给孩子带来负面情绪，影响孩子身心发展。下面我们就通过一些沟通的例子，让家长们参与活动，来体验如何与孩子进行有效沟通。

1. 接纳感受，共情说

师：共情，也称同理心，就是设身处地理解孩子，体会孩子的感受，再去对孩子表达。现在大家请看这样两个情景：

（1）爸爸，我的变形金刚腿断了。

（2）妈妈，我担心明天考不好。

师：针对上面两个场景，我们可以对孩子怎么说呢？现在我请现场的家长来"实战"演练一下，其余的听众家长可以把自己当成孩子来思考：如果家长这样说我愿意听吗？并陈述理由。

现场请 2 ～ 3 位家长说，再选 2 ～ 3 位听众家长对应回答。

预设：

（1）不要紧，没关系，不就是一个玩具嘛，爸爸再给你买一个。

（2）①不用担心，放轻松点，我相信你能考好。②你要平时多花时间学习，现在还用愁吗？③谁让你平时不好好听讲的，考不好，看我怎么收拾你！

师：我们再来看两个情景。

（出示情景，由教师读出情景内容。）

情景一：

孩子：爸爸，我的小兔子今天早上死了。

家长：别难过，宝贝。

孩子难过得哭。

家长：别哭了，不就是只兔子吗？

孩子：哇！哇！

家长：别哭！我再给你买一只。

孩子：不要，不要，我就要这只兔子。

家长：（双手叉腰）你真是无理取闹！

情景二：

孩子：爸爸，我的小兔子今天早上死了。

家长：（拍拍或摸摸孩子，语气关切）哦，是吗？真没想到。

孩子：（难过得哭了）我还教它玩游戏呢。

家长：你们在一起挺开心的。

孩子：它还是我的好朋友呢。

家长：失去朋友是挺难过的。

孩子：我还每天喂它吃青菜和胡萝卜。

家长：（扶着孩子的肩膀边走边说）你真是挺关心这只小兔子的。

师：现在请在座的家长朋友们谈谈对以上两次对话的感受。

家长谈感受。

师：是的，刚才两组家长说话的效果显而易见。情景一中，当家长否定孩子的感受时，不管家长的态度有多好，孩子只会更难过。而情景二中家长能接纳孩子的感受，能与孩子产生共情，让孩子感到被理解，从而对家长产生信任。我们再回到变形金刚腿断了的那个情景，可以怎么对孩子说呢？

预设：

（1）我知道变形金刚的腿断了你很难过，对吗？

（2）我知道你很喜欢这个变形金刚，它的腿断了，真的好可惜。

师：对，这就是您说出了孩子的感受。当您说这话的时候，孩子自然会点头，并且愿意跟您接着说很多事情，甚至对变形金刚腿断了这件事已经不在乎了，因为他觉得爸爸已经理解他了。

师：对于“妈妈，我担心明天考不好”这个情景，我们该怎么说呢？

预设：听上去你很担心，我敢打赌你肯定希望明天考场上一切顺利，题目都会。

师：您看，您已经说出了孩子的感受——我知道你很担心，我知道你想考好。不用帮他解决，孩子已经放松了。孩子有时候不愿与我们说话，甚至叛逆，就是因为父母不能理解他们，不会说出他们的感受，盲目给出建议，如“我再给你买一个”“不用担心”“要放轻松”等。其实，父母此时最应该做的就是与孩子共情，如此才会打动孩子的内心。

2. 尊重孩子，提示说

师：爱与尊重是孩子信任我们的前提，孩子信任我们了，我们说话他才会听。现在请家长朋友们听听我对咱们班孩子采访的录音。（播放对孩子们的采访录音）

师：家长朋友，这些话语您常说吗？您此刻听了这些话，是什么感受呢？

预设：难过，觉得自己什么都做不好，自己很笨……

师：是呀，这些指责、命令、说教的话语，我们自己听着都不舒服，甚至想唱反调，更何况孩子呢？孩子与我们是平等的，我们应该尊重他们。如果想让孩子配合我们，听我们的话，我们可以用提示的话语去说。现在请相邻的两位家长互相演示，把批评指责转化为善意的提醒，该怎么说？

预设：

（1）你怎么总是笨手笨脚的，这点事都做不好。

（2）快点把房间打扫干净。

（3）见了阿姨也不打招呼，你怎么那么没礼貌。见了人打招呼，这是基本的礼仪，以后要记着。

全场家长两两结合演示。

师：还有这样的场景：孩子玩过的玩具不收拾、书桌不收拾、房间乱，我们可以怎么说呢？

预设：提示说：玩具，书桌。描述问题：我看到玩具散落在地上，没有人管；我看到书桌有些乱。

师：给孩子尊重，直接描述问题、提示地说，也就是把批评指责变成事实描述。这样，孩子就会愿意接受，也明白该怎么做了，您的话语就被听进去了。

3. 解决问题，思考说

师：家长朋友们，当孩子出现错误并屡教不改时，我们该怎么说呢？是直接惩罚，还是积极思考，用我们睿智的语言去引导孩子改正呢？嗯，当然是后者了。解决问题我们该怎么说呢？当然是思考着说了。现在我来采访一下现场的家长。您遇到多次孩子不听的情况吗？您都是怎么说的？其他家长听后可以发表您的意见或补充您的做法。

教师现场随机采访或家长主动接受采访。

师：我听出来了，咱们家长在孩子有错或不听话时会用惩罚的方法来解决，例如打一顿、骂一通，或者取消看电视、玩手机的资格。表面看似有用（只是短暂有用），但会让孩子讨厌您，甚至故意不听话来报复您。还有就是偷偷地干不让您抓到，例如周末您外出，让孩子在家好好写作业，不玩手机，不看电视，他就会偷摸着干不让您知道。更有甚者打骂孩子，会让他们觉得“我活该，我犯错了我该打”，然后对自己的评价不断降低，这是极有害的。我这里有个解决问题的五步法[1]，您可以试一试。

（边讲边出示 PPT）

第一步：与孩子一起讨论他们的感受与需求。

第二步：说出你的感受和需求。

第三步：一起商讨解决的办法，找到大家都同意的方法。

第四步：让孩子把所有的想法都写下来（不带任何评论）。

第五步：挑出能接受的建议，去掉不接受的建议，然后付诸行动。

师：理论还得靠实践来验证，现在请家长朋友们看屏幕上的表格，任选一个问题来解决。家长可在纸上写出自己的解决方法，然后回答。

（PPT 出示）

问题	解决方法
孩子放学回家后总是先玩后写作业，甚至玩得忘了时间，导致作业拖拉到很晚。	
孩子用完东西总是随处乱丢，下次用就找不到了。	
孩子吃饭挑食，遇到喜欢的饭菜使劲吃，不喜欢的就不吃饭。	

4. 夸赞孩子，具体说

师：夸赞别人，人人都会。怎么让您的夸赞夸到别人心坎上去呢？那也是有技巧的。我们会夸对方吗？现在进行一个小游戏：我们每组是六位家长围坐，现在请你们在小组中任选一位家长进行夸奖。被夸奖的家长如实表达听完对方的夸赞后的感受。

现场家长进行夸赞和表达感受。

1 “五步法”引用自美国阿黛尔·法伯与伊莱恩·玛兹丽施所著《如何说孩子才会听　怎么听孩子才肯说》，此处有改动。

师： 现在我们请一位家长在现场随机挑选一位家长进行夸赞，对方家长也得说出您听完夸赞后的感受，请真实表达。（可随机选两组家长进行演示）

师： 听完现场家长的夸赞以及大家得到夸赞后的感受，我想到了我们的孩子，他们在听完我们的夸赞后是否也会有如此感受呢？我举个事例（PPT 出示）：

小军连续几天作业都拖延到很晚才完成，今天没有拖拉并完成得很快，妈妈想表扬一下孩子，就说："小军，你今天真棒！"妈妈用这样的方式表扬小军，他或许会莫名其妙，或者听后会不痛不痒。但是妈妈如果这样说："小军，妈妈对你今天写作业的表现非常满意，这样做节省了 1 个小时呢。"这样小军的感觉就不一样了，他能够明确知道写作业不能拖拉，学习方法也很重要，甚至他还会寻找更好的学习途径，自我成长。

师： 通过这个事例能看出，我们夸赞孩子，须描述细节，得让孩子具体地知道他被赞赏的行为。这样您的夸赞才能真正起到很好的效果。

过渡： 以上仅给大家讲述了几种情况下该如何对孩子说。我们在现实生活中会遇到更多情况，到底该怎样对孩子说孩子才愿意听，这需要我们更多地去学习、去思考、去行动。给大家推荐一本书，也就是我们今天课堂上提到的这本书——美国阿黛尔·法伯与伊莱恩·玛兹丽施所著的《如何说孩子才会听　怎么听孩子才肯说》。

设计意图 家长会通过不同情况下的说，用不同的形式让家长动起来，让理论与实践结合，希望对家长在与孩子的沟通上有所帮助。

第三环节　实操演练，学以致用

师： 亲爱的家长朋友们，实践出真知，我们刚刚在学习的过程中也让大家实践过。实践不怕多，多多益善。现在，根据今天所学，我们再次来练习

“第一环节”中我们尝试说的话题。

现场家长表达，家长之间可以互相补充，教师也可根据情况进行补充。

师：现在进入现场家长出题现场家长解决环节，请我们的家长尽情将您在教育孩子过程中孩子不听话的现象讲出来，我们集思广益，现场教您怎么说。

现场家长说自己的烦恼，现场讨论解决。

设计意图

让家长根据本次家长会所学，进行现场演练，对开场时大家所聊的话题重新提出解决办法，相信家长能更得要领。并且现场设计了家长帮家长解决难题环节，教师可以了解家长的学习情况，家长也可以自测所学内容的掌握情况，最关键的是让家长能学以致用。

会议总结

世界上最好的沟通就是心与心的沟通。要做到这一点，父母首先得改变自己，只有肯改变，才能与孩子筑造更好的沟通桥梁。好好说话，亲子关系更和谐，家庭更美满幸福。教育孩子，请从好好说话开始！

会议延展

（1）家长回家后尝试用家长会上所学的方法与孩子交流。

（2）家长坚持记录两周日常中与孩子交流的细节，看看家长与孩子都有什么变化。记录内容可包括今天发生了什么事，孩子有什么表现，家长怎么说的，结果如何。

（3）教师关注班级孩子的变化，并邀请改变比较大的家庭到班级群或线上家长会中分享经验。

（河南省信阳市第九小学　陶海燕）

07. 健康管理：合作共取“健康经”

背景分析

少年儿童的体质健康是关系国家发展和教育事业发展的大事。近年来，我国少年儿童身高显著增加，但由于不良饮食习惯及缺少运动，部分儿童体质有下降趋势，越来越多的“小豆芽”和“小胖墩”出现在小学低年级儿童群体中。

小学二年级是儿童体能发展的重要时期，更是良好习惯养成的关键阶段。在此阶段养成良好的饮食和运动习惯，在日常锻炼中注意力量、速度、爆发力及耐力等各项运动素质的均衡发展，有益于孩子的体质健康。

本次家长会参与对象是小学二年级学生家长，时间是二年级下学期3月份。

会议目标

目标	家长	学生
知识层面	了解现阶段孩子的体质健康现状及科学标准。	了解自己的体质健康现状及现阶段应该达到的体质健康标准。

续表

目标	家长	学生
能力层面	掌握生活中关于孩子体质健康管理的方法和技巧。创新方法，积极引导孩子参与学校各项体育运动。	参与体育锻炼，坚持体育打卡，有自己喜欢的运动，在体测中能达到良好或优秀水平。
态度层面	重视孩子的体质健康问题。	树立正确的体质健康观，积极参与各项锻炼，提高对体育运动的兴趣。

会议准备

1. 材料准备

准备 A4 纸、马克笔、磁力黑板贴。

2. 环境准备

布置家长参与的小组讨论会议的环境、PPT 欢迎界面。

3. 其他准备

（1）教师提前了解膳食金字塔、饮食红绿灯等概念。

（2）准备歌曲《敢问路在何方》和《西游记》唐僧师徒四人剧照。

（3）下载亲子运动示范视频，学生提前录制《敢问健康在何方》视频。

（4）问卷调查：孩子健康饮食中的高频问题。

会议过程

播放歌曲《敢问路在何方》。

师： 各位家长朋友，大家好！感谢大家百忙之中抽时间参加本次家长会！刚才这首歌大家都很熟悉，说的是唐僧师徒四人跋山涉水、历尽千辛万苦前往西天求取真经。今天，学校、家长和孩子也要组建一支“取经队伍”，和《西游记》相比，不同的是我们要帮孩子取体质“健康经”，相同的是这个过程同样要经历很多困难。现在，让我们马上走进“合作共取‘健康经’”主题家长会。

第一环节　健康真经何处找寻

1. 体质健康现状看一看

师：在大数据时代，孩子们的健康状况有据可查。杭州市卫健委发布的2023年度中小学生健康状况综合监测结果显示，市中小学生营养不良总体发生率为8.4%，超重率14.2%，肥胖率11.4%。“小豆芽”和“小胖墩”已经成为不可忽视的体质健康问题。

（PPT出示）

“小胖墩”和“小豆芽”是儿童发育中的两种极端现象。儿童肥胖会埋下高血压、高血脂、高血糖的隐患，瘦弱的“小豆芽”体型将影响学生的健康发育，严重的还会造成相应的缺铁性贫血、佝偻病、缺锌等病症。

2. 体质健康标准猜一猜

师：孩子健康成长是各位家长和老师共同的期盼！到底怎么才算是体质健康呢？难道只看体重和身高吗？

预设：家长回答“当然不是！”

师：是否健康是有标准的，那就是教育部发布的《国家学生体质健康标准》，教育相关部门每年都会组织体质测试。

（PPT出示）

每年10～11月，学校组织进行测试，并依据《国家学生体质健康标准》评定出学生的体质健康等级。等级分为优秀、良好、及格、不及格四等。测试结果会上传到教育部“学生体质健康网”。

义务教育体质健康检测项目见下表。

体重指数（BMI）	一二年级	三四年级	五六年级
肺活量			
50 米跑			
坐位体前屈			
1 分钟跳绳			
1 分钟仰卧起坐			
50 米 ×8 往返路			

师： 这就是令全国中小学生“提心吊胆”的体测。我们区每年会抽测三年级和六年级的部分同学，体育老师和班主任表示“压力山大”！为什么说有压力呢？下面我们通过一个“有奖竞猜”的小游戏来揭晓答案。

（PPT 出示）

猜一猜，三年级的女生在 50 米跑测试中要达到优秀等级，需要跑进多少秒？

拿起面前的 A4 纸，将答案写在 A4 纸上并高举过头顶，最接近标准答案的三位家长可获得由学生制作的家长会纪念品一份。

家长依次猜三年级 50 米跑、女生坐位体前屈、1 分钟跳绳和 1 分钟仰卧起坐四个体测项目要达到优秀等级的标准。

师： 感谢家长朋友的积极参与，也恭喜获奖的家长！

过渡： 体质健康的标准还真不低，看来“健康经”并不是那么好取的！但我相信，只要取经队伍聚力齐心，没有什么困难是不可战胜的。

设计意图 用经典歌曲、官方数据展示和“有奖竞猜”小游戏进行破冰和热身，让每个家庭直面孩子的体质健康问题，知道学校中低年段体质健康的大致标准，明白体质测试的重要性和艰巨性，有利于凝聚共识。

第二环节　取经队伍聚力齐心

师：家长、老师肯定都想让孩子们身体棒棒，但是在具体方式上有时会产生分歧。只有把问题全都摆在台面上，一一找到合适的解决办法，我们这支取经队伍才能聚力齐心。下面我们来听听家长代表和体育老师说的真心话吧！

1. 真心话大冒险

体育老师：体育锻炼是一项需要长期坚持的事情，而坚持需要极大的毅力。打卡可以让有惰性的孩子养成习惯，我也会根据同学们的打卡数据给予鼓励和奖励。（文字＋语音）

家长代表：我们家长同意布置打卡任务，但是有时候打卡任务布置得太多了，既有阅读打卡，又有口算打卡，还有英语打卡，再加上体育打卡，孩子根本忙不过来。而且孩子在学校参加了足球社团，每天的运动量也不小吧，还有必要每天体育打卡吗？（文字＋语音）

师：道越论越清，理越辩越明。体育老师和这位家长代表说的都有道理，反映的问题也确实存在。请各位家长按照座位安排组成四人小组讨论一下，五分钟后请各组派代表进行交流。

预设：体育打卡是可以的，但是不要每个学科都布置打卡，这样孩子会吃不消。学校应该规定一下，每天的打卡任务不能超过 2 项或 3 项。而且体育打卡的项目太多，完全可以根据孩子的弱项有针对性地布置打卡任务嘛，如跳绳弱就练习跳绳，坐位体前屈弱就练坐位体前屈。

师：各位家长说得都很好。打卡就像一把双刃剑，过度使用就会增加孩子们的负担，甚至挫伤孩子们运动的积极性；利用得好则会帮助孩子们养成体育锻炼的好习惯，增强他们的毅力。

2. 真问题大汇总

师：不光是体育打卡，学生、家长和老师产生分歧的地方还有不少。我在会前进行了一个小调查，发现各位家长反馈的问题主要集中在饮食和运动两个方面。

（PPT 出示）

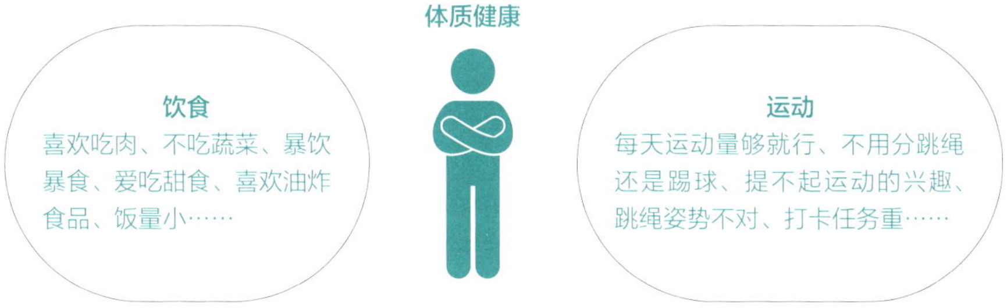

师： 西天取经要经历九九八十一难，我们这支由学生、家长和老师组成的取经队伍也会遭遇重重困难，但是只要我们互相配合、找对方法，一定可以解决这些问题。

过渡： 在合作共取孩子“健康经”的道路上可谓“妖气重重”，究竟该用什么法宝打败这些拦路的“妖怪”呢？

设计意图 抛出提升学生体质健康方面有争议性的真问题，引导家长理性讨论、发言，说出内心所想，达成共识。同时，展示更多家长关心的共性问题，归类整理，集中解决，减少内耗，形成合力。

第三环节　智勇双全手握神兵

师： 取“经”路上的“伏魔神兵”已经准备就绪，请仔细阅读它们的“使用说明书”。

1. 饮食篇

（1）智斗“挑食怪”——家校组合拳。

师： 挑食和偏食是不良的饮食习惯，对生长发育非常不利，让家长非常头疼。对付“挑食怪”，我们学校是这样做的：

短视频一：

①挑食的同学在餐厅扮演营养小博士进行健康饮食的宣传，除了介绍当日菜单的营养成分，还会定期宣传一些科学饮食的知识，帮助全班同学建立正确的饮食习惯和良好的节约意识。②每天把饭菜全部吃完的同学可以获得一张光盘卡，积累到一定数量可以兑换奖品。（采用延时拍摄 + 童趣配乐）

短视频二：

①召开主题班会，介绍合理膳食、均衡营养的重要性。②每月为获得光盘卡最多的同学颁发表扬信。（采用快慢结合拍摄 + 童趣配乐）

师：咱们班有很多孩子从一年级到现在吃饭都特别棒，从不挑食，他们的家长有什么好办法呢？我们一起来听听下面几位家长的分享！

预设：

①在超市选购食材时，让孩子帮助挑选水果、蔬菜和肉类等，让他们有食材的自主选择权，同时引导他们不购买垃圾食品，最好按“中国居民平衡膳食宝塔”来科学搭配。

②回到家后，鼓励孩子参与洗菜、择菜、食材搭配、摆放桌椅等一些力所能及的事情，这些都能激发孩子对食物的好奇心，让他们对做饭这件事有参与感，让他们更愿意吃饭。

师：看来对付“挑食怪”，要在了解“中国居民平衡膳食宝塔”的基础上让孩子有更多的选择权和参与感。

（2）勇克“贪吃魔”——饮食加减法。

师：贪吃的小胖墩固然可爱，但了解贪吃的不良后果后，家长们会陷入困惑之中——赶快让孩子减肥！怎么减？像大人一样节食行吗？当然不行！他们需要的是改变可能造成贪吃的坏习惯，同时增加运动，逐步调整至正常的体重及体态。家长们不妨在日常生活中做做饮食加减法。

（PPT 出示）

加法：①少食多餐；②细嚼慢咽；③粗细搭配；④进食有序……

减法：①零食少吃；②外卖不吃；③少油少盐；④缩小餐具尺寸……

师：智斗“挑食怪”、勇克“贪吃魔”贵在天天坚持，时时注意。当然，除了要吃得健康，还得适量运动，以帮助孩子强健肌肉、强壮骨骼。

2. 运动篇

播放歌曲《健康歌》。

（1）战胜“懒惰妖”——科学来打卡。

师：要想身体棒，不仅要吃得健康，还得“左三圈，右三圈，脖子扭扭，屁股扭扭，早睡早起”来做运动。然而，规律运动需要毅力，这时候光靠孩子自己，没有外力的监督和帮助，他们很难坚持到底。心理学专家经过深入调查得出结论：一个人需要经过 21 天才能将一项新的行为培养成习惯，这也是我们坚持体育打卡的原因。瞧，第一轮 21 天体育打卡的小标兵名单已经出炉啦，有请获奖同学的家长上台领奖，请体育老师上台颁奖！（PPT 出示颁奖仪式背景和获奖名单）

师：打卡虽好，但不能过度使用。针对各位家长反映的体育打卡问题，我们进行了优化，下面有请家委会会长宣读体育打卡 2.0 方案。

家委会会长：

①班级各类打卡每天不超过 3 项，其中至少有一项是体育打卡。

②体育打卡注重分层分类，更有针对性，加强对运动技巧的指导。

③按每月打卡次数为学生颁发奖状或奖品。

④班级体测某项目达到优秀等级的同学可获赠体育单项免打卡周券一张，校体测达到优秀的可获赠免打卡月券一张。

师：感谢 ×× 家长，现在请各位家长拿起手机对我们的体育打卡 2.0 方案进行不记名投票，也欢迎大家多提宝贵意见，投票时间两分钟。

（2）保护“兴趣神”——爱好很重要。

师：亲爱的家长朋友们，有这样一句话：兴趣是最好的老师。孩子的运动兴趣是一件非常宝贵的东西，平时在家我们不妨和孩子玩一些运动小游戏，既能让他们动起来，又能使亲子关系融洽。下面请看几段室内运动游戏视频，我们共同学习几招。(播放视频《小心地雷》《亲子仰卧》《抛接物》)

师： 除了在家做一些有趣的亲子运动，我们也非常鼓励孩子们多进行户外运动。所以我们成立了小胡杨班跑团，由咱们班的跑步达人 ×× 爸爸担任团长，欢迎更多同学加入！下面请家委会会长为 ×× 爸爸颁发聘书，掌声欢迎！

过渡： 报名参加小胡杨班跑团只是我们拥抱健康体魄的第一步，只有勇敢迈出第一步，才有第二步、第三步……

设计意图 引导大家聚焦运动问题，肯定打卡在培养体育锻炼习惯方面的积极作用，并积极根据民意进行合理优化。同时，鼓励家长和孩子多玩趣味亲子运动游戏，成立班级跑团，培养孩子的运动兴趣，发展孩子们的运动特长，增强体质。

第四环节　立志必取健康之经

师： 大家好才是真的好！家庭成员人人身体健康才能组建健康家庭，班级人人身体健康才能称得上健康班级。为此，咱们今天将启动“体质健康家庭”评选活动，分别设置示范奖、单项奖和进步奖，期待看到您获奖的身影，更希望您收获健康！（PPT 出示“体质健康家庭”评选活动方案。黑板上贴上板贴：“小胡杨班首届‘体质健康家庭’评选仪式”，邀请各位家长上台签名留念。）

师： 你我齐心协力，共取体质健康真经。今天让我们以同学们共同录制的改编歌曲《敢问健康在何方》为本次家长会画上句号，谢谢您的热情参与！

（PPT 出示并播放改编的歌曲）

敢问健康在何方

我不挑食　你很克制

注重营养　均衡饮食

坚持锻炼　强体魄

为了健康　共努力　共努力

啦啦啦啦啦啦……

师总结：“敢问健康在何方”，健康在我们良好的日常生活习惯中，健康在我们日复一日的坚持中！

设计意图 启动班级首届“体质健康家庭”的评选，改编歌曲，能激励家长和学生行动起来，养成良好的饮食和运动习惯，为孩子的身心健康保驾护航。

会议总结

亲爱的家长朋友们，孩子们的体质健康像是一部我们必取的真经。家长、老师和孩子都是这支特殊取经队伍中的一员，这一路上我们可能会遇到各种艰难险阻，乃至“妖魔鬼怪”。但是，只要我们齐心协力，发挥集体智慧，用好我们手中的各种法宝，注重饮食和运动，最终必将抵达终点。

会议延展

（1）启动“体质健康家庭”评选活动，家长和孩子制订参与评选计划。

（2）持续优化班级体育打卡，加大对学生的精神鼓励和物质奖励。

（3）开展运动技巧和饮食健康专题班会课。

（4）适时成立更多运动社团，鼓励学生培养运动特长。

（浙江省杭州市春晖小学　齐传鹏）

08. 动手实践：

动起来，更聪明

背景分析

著名教育家苏霍姆林斯基告诫父母："不要把孩子保护起来而不让他们劳动，也不要怕孩子的双手会磨出茧，要让孩子知道，面包来之不易。"生命在于——动！最好的教育，就是从动中来，再到动中去。

对学生来说，小学阶段正是培养动手能力的重要时期。本班的学生动手能力存在差距，并且缺乏有效的科学指导。此外，大多数家长对于如何培养孩子的动手能力也感到困惑。

本次家长会的参与对象是二年级学生及其家长，时间为二年级下学期 5 月份。

会议目标

目标	家长	学生
知识层面	了解二年级孩子自主进行动手实践活动的种类，了解培养孩子动手能力的重要意义。	了解处于二年级阶段的学生应该学会哪些动手实践技能。
能力层面	掌握提升孩子动手实践能力的方法。	掌握部分动手实践技能。

续表

目标	家长	学生
态度层面	认同良好的动手实践能力在学习和生活中对孩子的重要影响。	愿意并经常参与动手实践活动，能够积极、主动地投入到学习和生活当中。

会议准备

1. 材料准备

准备 PPT、相关视频、盲盒、评价表、神秘卡片、奖状。

2. 环境准备

准备好有一定容量的活动室。

3. 其他准备

（1）布置室内环境。

（2）征集若干家长志愿者，提前沟通并做好安排。

会议过程

师： 尊敬的家长朋友们，亲爱的同学们，大家好！在正式进入家长会的主题之前，我们要先恭喜被幸运大奖砸中的家长！请在座的各位家长朋友拆开桌上的盲盒，里面放的可能是孩子科学课上的作业成果，也可能是美术课上制作的手工作品等。请家长们认真欣赏孩子的作品，之后我会邀请几位家长分享一下对作品的看法，要客观地评价。

预设：

积极评价：这个作品做得真好！非常精致，有点出乎意料。

消极评价：从客观上来看，这个作品还有很大的进步空间。

师： 其实制作盲盒的过程能反映孩子的一些状况，请大家看向大屏幕。

（播放事先录制好的学生在科学课堂、美术课堂上的视频）在大家看到的视频中，不同的孩子在课堂表现上有什么差异呢？请家长们说一说。

预设：不是所有的孩子都能够投入地制作盲盒，有的孩子在吵闹，有的孩子在做自己的事情，有的孩子因为不会做而中途放弃了……总的来说，动手能力较强的孩子比动手能力较弱的孩子注意力更集中，参与程度也更高一些。

师：各位家长真是火眼金睛，一下子就找到了孩子们的不同之处。

过渡：通过这一环节，我们大致了解了咱们班孩子的动手实践能力。那么，您的孩子动手实践能力怎么样呢？孩子的动手实践能力对他们的生活和成长有什么重要影响？您知道如何培养孩子的动手实践能力吗？接下来，让我们一起走进今天的家长会。

设计意图 展示每个孩子的作品，从而引起家长的重视，为家长之间互动作准备。拆盲盒活动意在让家长密切关注孩子的实际情况。

第一环节　举案例，明因

1. 案例呈现

师：苏霍姆林斯基说："儿童的智慧在他的手指尖上。"一般情况下，聪明的孩子动手能力会更强一些！接下来，让我们一起来认识一位厉害的人吧。

（PPT 出示）

焊接火箭"心脏"发动机的中国第一人——高凤林。在长征五号运载火箭发动机的喷管上，有数百根几毫米的空心管线。管壁的厚度只有 0.33 毫米，高凤林需要通过 3 万多次精密的焊接操作，才能把它们编织在一起。焊缝细到接近头发丝，而长度相当于绕一个标准足球场两周。他用 35 年的坚守，凭借多年积累的动手操作经验，为火箭铸"心"，为民族筑梦！

师：这样的例子不胜枚举。那些看似平凡而又伟大的人，他们并不一定天资聪颖。然而，他们的动手实践能力很强，并且能够在实践中获得更多真知，最终取得了成功。由此可知，强大的动手能力是帮助一个人走向成功的重要因素之一。（PPT 出示：班级大扫除——动手能力参差不齐。播放孩子们平时搞卫生时的视频，展示他们擦玻璃、扫地板、擦黑板、摆放课桌椅的实况。）在观看视频的过程中，我发现有一些家长不停地发出“唏嘘”的声音。想必大家在日常生活中也有类似的烦恼。那就让我们借此机会说一说自己内心的真实想法吧！有哪位家长愿意主动分享一下呢？

预设：二年级的孩子们有的拿不好扫把，有的擦不干净黑板，还有的摆不齐桌椅……唉，看来孩子们确实缺乏这方面的锻炼。

师：虽然这些状况是概率性的问题，但如果孩子们能及时得到良好的指引和实践的机会，那么他们总会有所收获和改变。这也是本次家长会的意义所在。因此，我们必须知道让孩子拥有较好的动手实践能力是多么重要的事情。从家庭和孩子层面出发，动手实践活动可以促进孩子的主体性发展，使孩子具备基本的生活自理能力、交往协作能力和动手实践能力，帮助他们塑造健全的人格。从国家层面出发，当前，《义务教育劳动课程标准（2022 年版）》已经颁布，并且相关文件中明确指出了中小学要鼓励学生参加形式多样的课外实践活动，培养劳动能力、动手能力和综合实践能力。

2. 任务卡片

师：网络上曾流传这样一个段子：“吃饭妈妈喂，走路爸爸背，长到十八岁，干啥都不会。”人们常说“自己的事情自己做”，也有人说“自己动手，丰衣足食”。小小的孩子拥有巨大的潜力，等待着我们发掘和培养。在大家看来，自己的孩子现在是什么情况呢？

发放“人小鬼大能力强”评价表，请孩子和家长一起完成，在对应的栏目里打“√”。“熟练”栏或者“一般”栏每打一个“√”，就给自己计 1 分，最后一题“亲子互动”，有则计 1 分。算好总分后上交卡片。

家长代表收集卡片，总分设置为 12 分，不低于 9 分的放一边，其他的放在另一边。

学生姓名：　　　　　　　　　　学号：　　　　　　　　　　总分：

具体事项		缺少机会	家长安排少	不喜欢做	没时间	不会	一般	熟练
生活	整理房间							
	洗衣做饭							
	打扫卫生							
	组装与维修							
学习	独立观察							
	寒暑假实践							
	学科实验							
	事物探索							
社会	勤工俭学							
	公益活动							
	志愿服务							
亲子互动		（选写一件动手操作且让自己印象深刻的事情，如果没有则写无。）						

3. 收集卡片

请家长志愿者收集卡片。

4. 统计与总结

从现场信息统计的结果来看，如果孩子得到 9 分或者 9 分以上，那就说明动手能力比较强。然后，老师根据实际情况，结合小学阶段的学生成长规律，提出三个方面的方法指导。

过渡：其实，孩子动手能力参差不齐是有原因的，通过刚才的调查和统计，我们大概清楚了孩子动手能力的强弱情况，那么如何提高孩子的动手能力呢？接下来，我们一起寻找解决办法。

设计意图

所有的有效共鸣源自客观的真相。分享案例来引导家长进行深入思考，而后，教师现场收集数据，以便家长和孩子能够更加客观、真实地了解实际情况，为进入下一个环节做好铺垫。

第二环节　进活动，感受

1. 发放神秘刮刮卡

师：亲爱的家长朋友们，择日不如撞日，在劳动节到来之际，让我们共同用勤劳的双手来庆祝这个充满意义的节日。今天，我们将以小组为单位，一共分为六个小组，每个小组都有一张独一无二的神秘刮刮卡。现在请家长志愿者发放刮刮卡。

2. 刮开神秘卡，领取任务

师：现在每个小组都得到了一份任务指南，请各小组派出一位代表根据编号来领取对应的物资袋。

（PPT 出示）

任务指南

剪窗花、拼图、用彩泥捏玫瑰花、折叠手工等，每一项任务都附带操作讲解说明书，如有不懂之处，请举手示意。

3. 家长学生共行动

每个小组安排一位家长志愿者，对该组进行 3 分钟简单培训。在活动过程中，老师也要参与进去，摄影组负责记录活动过程。

4. 展示和总结

分组展示各小组的最终成果，请学生代表和家长代表发言。

师：这位同学，你觉得哪个小组的表现最好？好在哪里呢？

预设：剪窗花小组表现最好，他们在剪窗花过程中十分专注，并且分工明确。

师：在家里有过这样的活动吗？你喜欢和爸爸妈妈一起干活吗？

预设：在家里很少有这样的活动。其实我很喜欢自己动手做一些事情，但是爸爸妈妈没有给我机会去做。

师：家长您好，您觉得在这个活动过程中，孩子的表现怎么样？

预设：还行，比在家里强多了。我们在家里很少有这样的活动，平常工作都很忙，孩子也不爱做。

师：那通过今天孩子的表现，您以后会怎么做呢？

预设：我会争取给孩子创造更多的机会，放手让孩子去做，自己去体验动手实践的乐趣。

5. 颁奖

给每个小组颁发奖状。（预设奖：最佳合作组——最美窗花。）

过渡：培养孩子动手能力的途径有很多，让我们一起进入下一个环节，解锁更多培养孩子动手能力的方法。

设计意图 课堂活动拉近了家长与孩子的距离，让家长更客观地了解孩子的动手实践能力水平。

第三环节　引方法，寻向

1. 动手实践——在家中

师：现在请大家按照 PPT 的提示，按要求完成这项观察活动。

（PPT 出示）

走近孩子的书包，先看桌面的整洁程度；然后打开书包，翻看里面的摆放；接着打开文具盒，检查学习工具是否准备妥当（重点检查是否削好铅笔）；

最后把所有东西拿出来，检查书包的清洁程度。

师：这位家长，您的感受如何？

预设：桌面还算整齐，书包里乱七八糟的。

教师拿起两本不一样的书，一本包了书皮，很干净；另一本没包书皮，比较脏。

师：（对书本比较脏的孩子）你觉得自己的书和这位同学的书有什么不同？

预设：他的更干净更漂亮。

师：你觉得是什么原因呢？

预设：他包了书皮。

师：那你为什么不包呢？

预设：我不会包书皮。

师：我们孩子的书包，是他在现实生活中的缩影，我们看到的不仅仅是孩子的习惯，更是背后的动手能力。每个家长都希望自己的孩子能够做好自己的事情。家，是孩子赖以生存的场所，也是他们最初接触的教育环境，更是他们生活中停留最久的地方。在孩子成长的第一站，我们应该从生活中的小事和日常起居开始，着手培养孩子的动手能力。

（PPT 出示）

小学生在家中的动手实践活动类型		
类别	**举例**	**益处**
组装动手能力	组装玩具、拼图、搭积木、修理等。	组装活动注重的是动手过程，可以让孩子自己在动手实践中综合利用已有知识，全面地认识事物和解决问题。
种植动手能力	栽培简单的植物，如蘑菇、大蒜、绿豆等。	近距离认识大自然，感知生命。
工艺动手能力	折纸、刺绣、剪纸、制陶等。	掌握一些工艺品的制作技术，有利于帮助孩子养成心灵手巧、耐心细致的品质。

续表

类别	举例	益处
家务动手能力	洗衣服、洗碗筷、扫拖地、倒垃圾、擦桌子、叠衣服、整理房间、择菜等。	会分担家务的孩子将来更有家庭责任感。

师：除了在家中开展丰富多彩的动手实践活动，还可以鼓励孩子走出家门和校园，融入社会。

2. 动手实践——在社会

师：请大家看屏幕，（出示 PPT）这是某小区组织的端午节包粽子社区活动。在视频中，我们看到不少家长带着孩子兴高采烈地参加社区活动，他们认真聆听工作人员的讲解，并学习包粽子的方法。

社区资源不仅离我们近，而且非常方便，我们应该充分利用起来。至于其他类型的社会资源，我们也可以通过关注公众号等途径来获取。

（PPT 出示）

实践类别		
类别	举例	益处
社区类	蓝天保卫活动、垃圾分类活动、保护绿色活动、敬老爱老活动等。	了解时事，拓宽眼界，培养社会责任感。
场馆类	图书馆、体育馆、博物馆、展览馆、海洋馆、科技馆等。	培养兴趣，挖掘潜能，获得整理、归纳的能力和利用社会资源的能力。
农田实践类	开垦土地、种植作物、收获农产品等。以各种农场体验活动为主，认识了解基本的农作物和经济作物，并掌握一定的种植技能。	通过亲自参与农田劳动，体验农民劳动的艰辛和付出。同时，农田劳动能够增强体力和耐力，以及培养耐心和细心。此外，农田劳动还能让孩子认识到食物来之不易，更加珍惜食物，增强节约意识。
自然实践类	研究昆虫、制作植物标本、研究自然现象、制作科学实验器材。	自然科学实践活动是探索自然、了解科学的绝佳途径。通过日常生活中的观察和实践，孩子可以很好地了解自然界的各种奇妙之处，这不仅丰富了科学知识，还有助于提高动手能力。

第四环节　助成长，优化

师：通过刚才的环节，大家或许产生了新的思考。父母作为孩子的第一任老师，在孩子成长过程中扮演着至关重要的角色。培养孩子的动手能力需要及时、主动且科学合理地进行。此外，我还想和大家分享以下几点。

（PPT 出示）

1. 放手，给孩子空间

体验是一个重要的教育环节！在动手实践中，要让孩子亲身参与，使他们的知、情、意、行能够同步发展。不论是在家里还是在学校，不论是家长还是老师，都需要放手让孩子去做，给他们提供试错的机会，让他们敢于尝试，这是培养孩子健康成长的重要前提。只有充分相信孩子能够做好，把展示的舞台真正给到孩子，孩子才能勇敢地去拥抱这个世界。

2. 信任，给孩子鼓励

面对大人的暴躁与呵斥，孩子往往会逐渐失去热情和信心。因此，作为孩子成长过程中的重要伙伴，我们要好好保护孩子们的兴趣与热情，从而激发他们的更多潜能，助力他们茁壮成长。

3. 学习，给自己赋能

正确的示范是前提条件，我们不能教给孩子无用的甚至错误的东西。与涉世已深的大人相比，孩子还只是一张白纸，并不是生来就拥有动手能力。因此，作为家长，我们应当不断地进行自我学习与自我成长，同时充分整合家庭、学校、社会诸多方面的资源来为孩子提供支持。此外，我们也需要花更多时间来陪伴和引导孩子，最好能够亲身参与到孩子的生活和学习之中，做孩子的榜样和朋友。

4. 坚持，给自己目标

只有持续不断地培养孩子，并坚持做好这一件事，才能帮助孩子养成良好的习惯，同时也能为孩子积累更多的成长经验。

过渡：时代发展脚步不停，我们的学习和生活随之变得丰富多彩。通过各式各样的动手实践活动，孩子们能够更好地了解中华民族优秀传统文化，掌握更多生存和成长的技能。利用这种途径，可以改变孩子的学习方式，拓展他们的学习资源，同时还能激发他们的学习兴趣，强化他们的社会责任感和担当精神。

设计意图 直接列出方法，引起家长深思，以促使家长及时学习和消化知识，进而帮助孩子更好地提升动手实践能力。

会议总结

亲爱的家长朋友们，动手实践活动是实践性的课程。它不能局限于文本的学习和教室空间的活动，而是要求提供开放性的实践情境和适宜的开放式活动空间给孩子。希望在本次家长会之后，大家都能有所收获，从而更好地培养孩子的动手能力。至于专业性较强的动手实践活动，建议各位家长朋友寻找专业的老师获得帮助，或者是参加专业的培训和学习。

最后，让我们抓住家长会的“小尾巴”，“一动到底”，在打扫好教室卫生后有序散会吧！感谢家长朋友和同学们的到来！

会议延展

会后，家长和孩子可以进行以下活动：

（1）请家长和孩子在家里组织一次包饺子活动，家长通过这个活动来感受孩子动手能力是否有提升，并将全家人一起制作和品尝饺子的照片分享出来，以此来纪念这次家庭活动。

（2）制作家务分工表。

（3）制作“自己的事情自己做”执行表。

（4）班级择日举办动手技能大赛。

（5）为了促进班级未来的发展和孩子更好地成长，请每位家长给班级或给孩子写一封 50 字左右的建议信，分享您宝贵的意见和建议。

（湖南省长沙市湘江新区谷峰小学　张银娜）

09. 作业管理：作业巧规划，成长快车道

背景分析

三年级是小学阶段素养形成的分水岭，主要体现在增加了学科学习的种类，提高了学科单科学习的难度。此外，三年级的学生正处于从具体思考到抽象思考的关键过渡期。为了辅助家长知晓孩子、学科特点，科学指导孩子的作业管理，帮助孩子顺利走上成长的快车道，特召开此次家长会。

此次家长会参与对象是三年级学生家长，时间是三年级下学期 2 月初。

会议目标

目标	家长	学生
知识层面	了解作业管理对三年级学生成长的重要性。	了解时间管理、作业质量管理、改错管理和拓展管理的方法。
能力层面	知道多种作业管理的方法和技巧，在实际陪伴过程中，能对孩子起到积极的引导作用。	养成按时写作业、认真对待每一科作业、合理分配作业时间的能力。
态度层面	减少辅导学生作业时焦灼、焦虑的不良情绪。	培养积极主动、健康向上的学习态度。

会议准备

1. 材料准备

准备 PPT、互动彩纸、规划书设计页。

2. 环境准备

布置黑板。

3. 其他准备

（1）录制小视频:《作业的自白书》。

（2）提前做好暑假安排计划空白表。

（3）教师提前统计和汇总调查问卷结果，有针对性地做好统计分类工作。

会议过程

家长坐好以后，教师展示 PPT，揭示本次家长会的主题“作业巧规划，成长快车道”。

播放提前录制好的小视频《作业的自白书》。画面中显示出作业的图片，用拟人化的手法进行旁白。

各位家长朋友，你们好！我是你们的老朋友——作业。为什么我是大家的老朋友呢？因为，你们的孩子从上学的那一刻开始，我就成为你和你的孩子形影不离的朋友。

我们作业家族的成员特别多，有语文、数学、英语、音乐、美术、道德与法治、科学、作文、体育、阅读等。我们作业家族的成员各不相同，它们的“脾气”也不一样。例如，语文作业的性格是优雅、温婉，它喜欢帅气的文字和优美的语言；数学作业的性格是严谨、整齐，它喜欢正确的答案和规整的书写……

家长朋友们，我们作业家族是每一科老师智慧的结晶，因为每一节课的重点、难点都在我们作业家族里，每一节课要学的记忆点和理解点也在我们作业家族里。如果和我交上好朋友，孩子们的学习就奔跑到了成长的快车道。

但是，现在我的好朋友升入三年级后，我们作业就发生了不可思议的变化。我们有时变成让家长朋友们生气的导火索，家长们会因为我们而大声地训斥自己的孩子，甚至还会动手打孩子；有时变成大家生气、生病的根源，网络上还有我们把家长气到医院里的小视频呢。我们原本是孩子们成长路上的好伙伴，可是在家长朋友们的呵斥之下，孩子们越来越不喜欢我们了，甚至在孩子们的眼里，我们成了他们心里的“讨厌鬼”。

其实，帮助孩子管理好自己的作业是有妙招的，下面就让我们从认识三年级开始吧。

第一环节　认识三年级

师：家长朋友们，不知不觉你们已经陪伴孩子度过了三年的小学时光。我想问一下大家：你知道孩子在这三年的成长中悄悄地发生了哪些改变吗？三年级的学生成长有哪些特点呢？

1. 了解三年级学生的成长特点

老师给家长讲述三年级学生的成长特点：

（1）从小学三年级起，学生步入小学的中年级阶段。反观心理成长的历程，我们可以发现，从三年级起，学生的学习任务和活动相较于低年级阶段有了明显的改变，覆盖面更大，更有深度。同时，学习活动的娱乐性逐渐降低，而学习过程的组织性、认知过程的标准性和严谨性得到了增强。

（2）学生的生活领域得到了进一步拓展，他们可以独立行动（如他们可以不需要父母的陪伴就能上学和下学），完成一些基本任务（如他们可以独立创作黑板报）。由于身体的成长、学业和生活的转变，三年级学生的心理得到了长足发展。他们开始有一些基于逻辑的独立思考，并且拥有一些自己的观点，可以参与到父母的交流中，而不再像过去那样随便插嘴。他们勇于尝试做更多事情，不再像过去那样盲目地遵循权威。

2. 了解三年级学生的心理特点

老师给家长讲述三年级学生的心理特点：

（1）各具特色：在塑造自尊心的重要时期，三年级的孩子可以借助早期的学业和生活体验，找到自我价值，并且体验到激动和骄傲。但是，一些孩子自尊心过度增强，独立思考和自我评估呈现过度主观和自我。还有一些学生学业表现欠佳或者遇到特定领域的短板时，通常会对自我的认知偏低，甚至丧失自我信念。

（2）心态波动：由于缺乏日常生活的体验，三年级的孩子在面对陌生的场合时，很可能会感到焦虑，缺乏自我管理的技巧。然而，当与熟悉的朋友一起玩耍或者学习的时候，很可能会感到兴奋和冲动。还经常会因一些琐碎的事情而情绪波动。

（3）缺乏自我约束力：从三年级起，学生开始有强烈的自主意识和摆脱成人控制的渴望，展现出明显的自主性。但是，三年级学生特有的自我发展能力，造成学生仍无法有效地管理并操控个人的日常活动。

3. 了解三年级的学科作业特点

师：亲爱的家长们，步入三年级，大家猛然间发现孩子有了书面作业，是不是有一部分家长有了“孩子作业写不完”的感觉？其实，这是由三年级的课程结构决定的。根据国家的课程任务规划，一、二年级不允许布置书面作业。孩子们在学校和课堂上接受老师的书写指导和知识讲解，回到家后，他们需要应对的是非书写性的综合任务，主要是阅读和实践。而步入三年级后，孩子们开始有书面家庭作业。尽管在延时服务时间里，大部分孩子可以完成书面作业，但是仍然有一部分孩子完成不了。我们三年级的孩子家长此刻就要面对孩子的作业管理问题了，不熟悉孩子成长心理的家长就会在孩子写作业的问题上产生焦虑、急躁或者恐慌的心理。家长应学会帮助孩子管理好作业，养成良好的作业管理习惯。

过渡： 知晓了三年级学生的年龄特点和作业特点，我们该如何帮助孩子们主动、有效地进行作业管理呢？

设计意图

班主任用形象、生动的拟人化视频导入，把家长带入作业管理的情景之中。接着，班主任针对三年级的学科特点和学生的成长、心理特点对家长进行专业化讲授，为下一步辅助孩子进行作业管理做好理论和情感铺垫。

第二环节　解读作业管理

1. 专业化解读

（1）理论学习。

师： 三年级是提升学习技巧的重要阶段，也是形成优秀学习习惯并进行培养的重要阶段，还是提升孩子的情绪管理技巧和毅力素质的重要阶段。在这个阶段，我们需要培养的优秀习惯包括：定期集中精力学习，制定自主完成任务的时间表，预习和复习，广泛地读书，有效地规划时间。这些好习惯的养成不仅仅在课堂的学习中，也在作业管理之中，所以我们要进一步认识作业管理的重要性。

（2）家长实际情况调查。

以小组为单位，让家长互相说说自己对作业管理的认知。

家长根据自己的实际情况进行书写，为班主任此后进行有针对性的指导奠定基础。

2. 时间管理

老师与家长进行谈话式交流：我们需要塑造孩子定期专注学习的习惯。学习过程充满挑战和困难，唯有集中精力、全身心投入，孩子才能增强学习的效果，并获得优秀的表现。要让孩子形成全神贯注的学习态度，家长需要严肃地对待他们的学业。对于那些放学早的小学生，可先进行适当的户外运动，再返回家中完成课业，尽量避免延迟至晚上。在每天的学习时间里，全家需要保持安静，避免大声交谈或闲聊。

温馨提示

老师可以对家长在孩子学习时间的陪伴行为提出如下建议：

- 尽量降低声音，为孩子营造一个安静的环境。
- 尽量避免进行可能让孩子分心的活动，如维修家电、看电视、玩扑克等，以免影响他们的专注度。
- 不要一边询问孩子学校的情况，一边批评孩子的书包太脏、文具摆放不整齐等。
- 最好是静静地做一些无声的事情，如在孩子旁边阅读等。

老师给出建议，具体措施有：

（1）先写书面作业，再写口头阅读作业。

（2）写完作业再玩。

（3）每一科作业书写时都计时。

（4）家长可以选择用读书的方式进行陪伴和监督。

3. 质量管理

师： 完成作业是深化对知识的理解和加强教学成果的主要途径，而能够按时独立完成学习任务则是具有学习责任感的明显体现。当孩子到达学习的阶段，就应该积极、主动地投入学习，不能让他人代替完成任务。然而，一部分孩子并未投入足够的时间去独立完成学习任务，他们或者选择在学校模仿别人的学习方式，或者只是依赖父母来帮助他们解决问题和进行复核。即便每天都完成了作业，这样的孩子也难以真正掌握知识。因此，父母必须从小培养孩子自主完成作业的习惯。具体措施有：

（1）想好了再下笔书写，减少涂改的次数。

（2）准备一个演算本，遇到难题时，先在演算本上进行演算，确保正确了，再在作业本上认真书写。

（3）遇到不会的题，先放在那里，等这一科作业全部完成后，再回过头来攻破难题。

（4）各科准备一个改错本，把每一次写错的作业纠正到改错本上。

（5）每一个月复习一遍改错本。

（6）家长可结合班主任老师的建议，给孩子设计一个符合孩子实际的每周学习情况记录表，让孩子看得见每一次的进步！

4. 预习和复习的管理

师：预习为高效学习奠定基础，复习则是巩固知识。“预习—学习—复习”能使知识体系化，将先后获取的知识串联起来，构建出知识结构。我们必须牢记这三个关键点，引导孩子学会正确预习和复习的方法，同时培养出良好的预习和复习习惯。具体措施有：

（1）每日进行预习时间规划并按时执行。

（2）每日在写完当天作业以后，用 10 分钟时间把一天学习的知识进行总结。

（3）每日复习完毕后，进行作业的预习工作。

（4）家长可选择高质量的工具书帮助完成此项工作。

5. 拓展作业的管理

师：随着“双减”政策落地以及贯彻实施“五育并举”的工作要求，非课本的综合性作业会越来越多，如阅读、劳动、研学、综合实践等。面对此类作业，建议各位家长在孩子做作业之前，做好“活动策划的参谋员”；作业进行中，做好“作业素材的收集者”；作业总结阶段，做好“作业成品的辅助者”。同时，前几次作业家长可以如此管理，以后的作业还是要让孩子自己去操作和完成，家长适当帮助即可。

过渡：三年级学生有明显的独立性和还未完全发展起来的自控能力，还不能有效地调节和控制自己的日常行为。这就需要家长陪伴孩子成长、陪伴孩子的作业管理全过程。

设计意图 专业的理论学习会带来专业的行为变化，所以，这个环节老师在对班级学生实际情况进行调查后，从作业管理的五个方面对家长进行专业指导。

第三环节　监督孩子的作业管理

师：家长该如何陪伴孩子的作业管理过程？为了解决好这个问题，我先带家长深度剖析作业管理过程中家长陪伴的误区：

（1）只注重结果，忽略习惯。很多家长因注重结果、忽略习惯而导致孩子自我作业管理能力培养失败，出现了家长在作业就好，家长不陪伴作业就一塌糊涂的状况。

（2）家长因自己的经验不理解孩子的年龄特点，主观地进行指导。这会造成孩子与家长意见不一致，发生矛盾、争吵或者打骂。

针对以上误区，具体的建议有：

（1）回到家以后把今天家长会上学到的专业知识讲给孩子听。

（2）与孩子一起心平气和地制订出作业管理计划。

（3）在制订出作业管理计划后，制订出作业管理监督计划。此项计划是双向监督，家长监督孩子履行作业管理的情况，孩子监督家长是否能一如既往地进行鼓励、评价与陪伴。

（4）作业管理要形成一个“一起”和一个“不要”，即遇到难题一起去面对，不要让难题成为亲子矛盾的导火索。

（5）践行制度。老师会发放作业管理目标书，由家长带回家与孩子共同制定。该作业管理目标书的结构为：学生自己完成作业记录、自评情况，家长从时间、专注力和作业质量等方面进行评价。

设计意图

该环节是对作业管理的一个补充，也就是以孩子为主体、家长为辅助的作业管理体系，需要家长和孩子之间彼此监督、鼓励、陪伴，才能逐渐养成孩子进行作业管理的好习惯。

会议总结

任何一次家长会，都应该建立在家长认同的基础上，老师指导家长用图片和考核表格将作业管理落实到孩子成长的每一天，引导着孩子快乐、自信地成长。

会议拓展

（1）一个月后，利用班会课时间进行“我是作业管理大王”经验交流活动，让优秀的学生进行经验分享。

（2）一段时间后，利用班会课时间，邀请在陪伴孩子进行作业管理的过程中做得好的家长进行经验分享。

（3）在适当的时候安排一次“我们班的作业管理专家”的亲子交流活动，用“班级内现场交流 + 与班级学生家长线上交流”的方式进行经验交流。

(河南省濮阳市第六中学　刘林华)

10. 自主学习：

孩子自主学习，父母轻松陪伴

背景分析

践行素质教育理念，应注重培养小学生的独立意识与自主学习能力，帮助他们养成不依赖老师、父母，自觉学习的好习惯。孩子进入小学中年级学段，学习的知识内容更加复杂，难度也有较大提升。虽然这个阶段的孩子性格特征中会表现出较为明显的独立性，可他们自控力不强，还不能有效地调节和控制自己的行为，需要家长的督促和引导，帮助养成良好的自主学习习惯。因此，在这个成长关键期需要召开一次关于自主学习能力培养的家长会。

本次家长会参与对象是三年级学生家长，时间是三年级上学期 9 月份。

会议目标

目标	家长	学生
知识层面	了解三年级学生的身心发展特点，知道不同学习过程中自主学习的具体要求。	认识自主学习的重要性，知道学习过程中自主学习的具体要求。
能力层面	能帮助孩子树立目标，制订计划，激发孩子内驱力，培养孩子的自主学习能力和良好学习习惯。	能树立学习目标，制订学习计划，提高学习效率。

续表

目标	家长	学生
态度层面	坚持积极正向评价孩子，相信孩子有改变自己的能力，鼓励孩子主动探究。	树立自信心，坚定意志，积极养成良好的学习习惯。

会议准备

1. 材料准备

准备课件、白纸、笔、计划表。

2. 环境准备

布置教室。

3. 其他准备

（1）学生和家长提前完成老师发放的调查问卷和人生规划书。

（2）老师提前阅读《儿童个性发展与教育》《自驱型成长》等图书和培养学生自驱力主题相关的文章。

三年级学生自主学习能力基本情况调查问卷

亲爱的同学，你好！本次问卷调查的目的是了解当前我们班学生自主学习能力的基本情况。你的问答将为老师和家长帮助你们更好地学习提供依据。请你仔细阅读题目后按实际情况作答。问卷不记名，答案也无对错。你的回答我们绝对保密。谢谢你的合作！

1. 完成作业是为了让老师不批评自己吗？

A. 是　　B. 否

2. 写完作业后你是否会检查？

A. 主动检查　　B. 不检查　　C. 偶尔检查　　D. 由爸爸妈妈检查

3. 你每天是否会预习和复习功课？

A. 是　　B. 否　　C. 偶尔

4. 如果你取得了好成绩，父母或老师没有表扬你，你会很失望吗？

A. 会很失望　　B. 没有太大的感觉

5. 自己的学习成绩好不好主要听家长或老师的评价吗？

A. 是　　B. 否

6. 考试成绩退步了，你是怎么做的？

A. 很难过　　B. 分析原因　　C. 鼓励自己继续努力

7. 课堂上有自己没懂的问题你会怎么解决？

A. 课下立刻找老师问清楚　　B. 自己想一想　　C. 不会主动解决

“帮孩子制订一套人生规划，与孩子一起勉励执行”调查问卷

1. 自己喜欢和将来想要从事的事业（梦想）：

2. 未来 10 年的努力目标：

3. 树立一个自我激励的偶像：

4. 今年的努力方向：

会议过程

师：亲爱的家长朋友们，进入三年级了，新学期征程也面临着新的挑战。今天我们在这里召开一次关于自主学习的家长会，共同聊聊如何让孩子自主学习、自信成长。本次家长会的主题是“孩子自主学习，父母轻松陪伴”。

第一环节　呈现学习问题，分析问卷调查结果

1. 亲子矛盾，寻症结

师：三年级了，相较于之前的乖巧听话，现阶段的孩子显得任性，不好管教。我经常听家长跟我抱怨：孩子不听话，学习不自觉，不求上进，学习越来越糟糕等。有人把现阶段孩子的问题称为“三年级现象”，心理学上也把这一阶段称为“第二逆反期”。孩子的自我意识开始觉醒，总想按自己的想法做事。另外，三年级正是儿童从具体形象思维过渡到抽象逻辑思维的关键期，学习难度较之前有较大提升，如果父母对孩子的学习和生活不加指导的话，孩子对困难会产生畏难情绪，给之后的人生产生不利影响。恰当引导、适当放手、培养孩子自主学习能力，才能帮孩子更好地适应今后的学习。

2. 学习问题，找内因

师：家长会前我做了关于三年级学生自主学习能力基本情况的调查，结合平时对班级同学学习情况的观察，发现了以下问题。

（PPT 出示）

1. 学生学习缺少主动性，对自己学习的要求仅限于完成老师布置的作业。
2. 学生对自己学习的评价主要受老师和家长的影响，对自己的学习现状认知不清晰，不能准确判断。
3. 学生不愿意主动解决学习中的问题。
4. 学生缺少有效的学习方法。

师：家长们，我们看到的是孩子表现出来的“学习不努力”“不听话”“喜欢磨蹭”，这背后是孩子缺少学习动力和有效的学习方法。有些孩子总是在家长的催促甚至责骂下学习，导致学习兴趣降低，形成恶性循环。所以，家长应该了解孩子学习问题的内因，才能帮助孩子养成良好的学习习惯。

过渡：如果很多家长对于孩子的自主学习习惯还停留在“主动完成作

业”“不要催”“要听话”“取得好成绩”等要求上，缺乏明确的要求，就很难指导孩子养成自主学习的习惯。

设计意图 分析家长对现阶段孩子学习问题的反馈，让家长了解现阶段孩子的身心特点和成长契机。展示问卷调查结果，让家长了解孩子学习问题背后的原因，认识到现阶段培养孩子自主学习能力的必要性。

第二环节　引导行为规范，培养自主能力

1. 明确目标，制订自主行动计划

（1）自主学习习惯整体设计。

师：学生自主学习习惯的培养是有层次的，而且贯穿课前、课中和课后全过程。家长们需要了解不同学习过程中对学生的具体要求。

（PPT 出示）

层次	课前	课中	课后
基础性	准备好学习用具。	1. 专心听讲，注意力集中。 2. 积极参与课堂学习活动。	按要求完成作业。
发展性	做好预习准备。	1. 能独立思考。 2. 主动与老师、同学交流想法。	1. 认真完成作业，主动检查作业。 2. 梳理与归纳知识。
高层次	明确学习目标，规划学习任务。	1. 会提问题。 2. 能深入思考，分析与解决问题。	1. 能够创造性地完成学习任务。 2. 主动探索自己感兴趣的知识。

师：家长们可以对照表格中的要求，根据孩子的学习现状，明确学习习惯培养的目标，在平时的学习生活中进行干预和指导，帮助孩子养成贯穿学习过程的自主学习习惯。

（2）参加鼓掌游戏，感受高效方法。

师：家长怎样帮助孩子拟定目标，规划时间，提高学习效率呢？我们来做个小游戏，请各位家长按我的要求鼓掌。

（PPT 出示）

第一次鼓掌：请全体家长鼓掌 20 秒，自己计数鼓了多少次掌。

第二次鼓掌：请全体家长鼓掌 40 次。

第三次鼓掌：请全体家长在 20 秒内鼓掌 60 次。

师：三次鼓掌，哪一次你的鼓掌最快、最投入？

预设：第三次鼓掌速度最快、状态最投入，因为第三次鼓掌规定了次数和时间，让人想要在规定时间内完成，觉得特别紧迫。

师：这个游戏告诉我们，提高效率的技巧在于：明确时间、明确任务。在学习中，我们要教会孩子把可利用的时间划分为不同的学习时间段，然后明确每个时间段需要完成的学习内容，这样能够做到高效学习，这是一种提高自主学习能力的好方法。

（3）细化目标，形成每日计划。

师：家长会前布置了家长和孩子一起制订一套人生规划，“未来做什么”是孩子的长远目标、大目标，家长还可以引导孩子把大目标分解成可以实现的小目标，具体到每一天，再为每一步小目标规定切实可行的期限，这样孩子就有了明确的计划。完成小目标，离大目标就近一步，孩子的自信心和主动性也就更强。会后请家长和孩子一起完成“每日行动计划”。

（PPT 出示）

日期	起床	作业	复习	预习	运动	兴趣学习	娱乐	做家务	阅读	睡觉	完成与否★
星期一											
星期二											
星期三											

续表

日期	起床	作业	复习	预习	运动	兴趣学习	娱乐	做家务	阅读	睡觉	完成与否★
星期四											
星期五											
星期六											
星期日											
完成与否★											❀

激励小贴士：每天都完成计划，贴一个小星星。每周完成一个计划，贴一个小星星。每周完成所有计划，奖励一朵小红花。可以跟孩子商量进行相应的奖励。

2. 激发内驱力，保持自主前进动力

师： 明确目标制订计划，能帮助孩子养成自主的习惯，那么如何调动孩子的行动积极性呢？我们来玩个“传橘子”游戏吧。

（PPT 出示）

游戏规则

游戏开始时，橘子要从发起者的手里发出，按顺序依次传递，最后回到发起者的手里。要求在传递过程中每个人都必须触及橘子，10 秒钟内完成的小组获胜。橘子如掉在地上需从头开始。

游戏过程：

（1）分组，每组 5 ～ 10 人。

（2）每组发一个秒表、一个橘子。组内选定一个人用秒表计时，同时做监督员，防止组员作弊。本组监督员需到其他组监督，各组之间互相监督。

（3）游戏时间为 5 分钟，以传递一圈所用时间最短的一次为准。

（4）活动过程中，教师要不断地引导家长：“有没有更好的办法让时间变

得更短些？看到别的组比你们快，你们心里服气吗？还能不能更快一点？”让家长不断地思考，不断地寻找新方法。

（5）各个小组想办法使时间缩短，最终明确几种最快的方式。比如每人伸出一只手围成一个圈，小组长手持橘子在圈中划行一圈，不足3秒就能完成。

预设：大多数家长在完成这一有挑战的任务后会比较兴奋。

师：刚才在游戏中感觉大家都很投入，也很开心，现在请你们想想，这份积极参与游戏的动力从哪里来的呢？

预设：有挑战，有意思，老师一直在鼓励……

师：在游戏前我并没有承诺你们完成任务后有什么样的奖赏，但是大家都很投入地去做了，如果我在一开始就宣布游戏获胜的奖品是一个橘子，会怎么样？如果宣布游戏获胜的奖品是500元，又会怎么样？

预设：通过努力获得成功的喜悦最可贵，远大于物质的诱惑和奖赏。

3. 交流互动，感受正向引导

师：能够促使孩子自觉、主动地完成一件事的内在动力就是现在人们经常说的“内驱力”。那么家长怎样做，才能激发孩子的内驱力，促进孩子自主学习呢？简言之，要关注孩子的内在感受。我们先从和孩子的沟通方面引导孩子在学习时关注自己的内在感受，体验学习带来的成就感和愉悦感。

交流和模拟：

两个家长一组，根据教师提供的下表中的第一列的话题进行对话，然后交流彼此的感受。第一轮交流结束后，教师引导家长思考孩子表达内容背后内在的感受，再出示表格的第三列。

（PPT出示。先显示第一列和第二列内容，家长交流后显示第三列内容。）

孩子表达	家长回应	孩子内在感受
爸爸，天天都要写作业，太累了！我不想写了。		退缩、回避学习。

续表

孩子表达	家长回应	孩子内在感受
妈妈，我好想去游乐园玩，期末考试如果我考到班级前三名，你可以带我去吗？		期待取得好成绩，希望被认可。拿学习成绩交换奖励。
我就是不喜欢学习，我太笨了，我不可能学好的。		自我价值感低，没有信心。
妈妈，这次考试我终于考到了100分啦！		希望被认可，分享喜悦。

四组家庭按照下表中第一列和第二列内容进行现场模拟，再谈谈彼此的感受，教师适当引导，出示第三列内容。

（PPT出示。先显示第一列、第二列的内容。家长模拟和交流后再显示第三列的内容。）

孩子表达	家长回应	激发内在动机
爸爸，天天都要写作业，太累了！我不想写了。	看起来你是挺累的，需要休息一会儿吗？ 虽然如此，你每天还是努力完成了作业。能说说你是怎么做到的吗？	接纳孩子真实的感受，帮助孩子发现自己的力量，积极评价自己。
妈妈，我好想去游乐场玩，期末考试如果我考到班级前三名，你可以带我去吗？	你想考到班级前三名，这真是一个很好的目标。如果实现了，你是不是特别开心？这种开心就是最好的奖励！ 你想要去迪士尼玩，在假期的时候我们可以一起去哦！	肯定孩子树立积极目标，引导孩子感受成功带来的喜悦和成就感，力所能及地满足孩子正常的需求。
我就是不喜欢学习，我太笨了，我不可能学好的。	我感觉到你现在很沮丧，学习对你来说很不容易。但你说你“太笨了”我可不认同，你做了很多了不起的事，比如……	接纳孩子的感受，纠正孩子糟糕的自我评价，重塑信心。
妈妈，这次考试我终于考到了100分啦！	取得这样的成绩，你开心吗？妈妈也很开心呢！你通过努力实现了自己的目标，你真的是太棒了！	和孩子共同感受成功的喜悦，肯定孩子的努力。

过渡： 经过两次沟通，家长们一定感受到孩子对学习更有信心、更有动力了。要发现孩子的内在感受，让他在安全的状态下，在与家长的互动中不断获得信任感、尊重感和价值感，这样才能唤醒他内在的自觉学习动力，获得学习内驱力。

设计意图 孩子好习惯的养成既需要家长指导、帮助，也需要孩子发自内心的内驱力推动。“传橘子”游戏让家长体验到有内驱力才能激发孩子学习的动力，亲子互动练习让家长初步学会通过沟通激发孩子的学习内驱力。

第三环节　持续练习，形成自主习惯

1. 坚持练习不松懈

师： 培养一个习惯最大的障碍是什么？就是坚持不下来。养成一个习惯或者改变一个习惯都需要坚持，那么培养一个好习惯需要多长时间呢？

（PPT 出示）

阶段	特征	状态
第一阶段（第 1—7 天）	刻意，不自然。	觉得很别扭、不舒服，需要时刻提醒自己改变。
第二阶段（第 8—21 天）	刻意，自然。	开始感觉比较自然、舒服，但容易出现反复，需要提醒自己保持现有习惯。
第三阶段（第 22—90 天）	不经意，自然，形成习惯。	进入习惯的稳定期。

师： 所以，在确定目标、开始行动后，家长就要有心理准备，孩子的生活作息、预习、复习、时间规划等都要有长期、重复的训练，迈过“不舒服”“不自然”这道坎，孩子就能逐渐形成自主学习习惯。

2. 正向鼓励多赋能

师： 在孩子自主习惯养成的过程中，父母要积极关注孩子的所作所为，发现孩子的点滴进步，及时给予肯定和赞美。但不要一味地说“你真棒！”“太好了！”要能看见孩子值得表扬的地方，表扬越具体、越自然越好，如“我看到你今天写完作业后还看了一遍，能及时检查作业真好！”“老师说你今天主动去问他问题了，你真是越来越有勇气了！”这样的表扬能让孩子不断地获得坚持下去的力量。孩子在习惯训练中，哪怕是出现退缩、反复的情况，家长也不要打击、威胁孩子，而是让孩子看到自己的能力，帮他重新获得自信。

设计意图 习惯养成需要持续训练，家长了解习惯养成的基本规律，帮助孩子做好规划，通过不断地鼓励孩子，在学习过程中不断给孩子赋能。

会议总结

孩子健康、积极地成长，是所有家长的心愿。希望你们能践行今天家长会上学到的内容，尤其要改变与孩子的沟通方式，用能够增强孩子自信、唤醒孩子学习动力的话语与孩子互动，通过持续练习，激发孩子潜在的学习动力，养成自主学习的习惯。

会议延展

班级与家长一起开展“攀登自由峰”活动。

（1）请家长和孩子一起填写家长会推荐的“每日行动计划表”。

（2）登顶“自由峰”需要迈上 10 个台阶，根据“每日行动计划表”的完成情况，每完成一周，画一个台阶，直至登顶。

（3）登顶的同学被评为“自主学习之星”，班级进行表彰。

（安徽省合肥市双岗小学　朱丽丽）

11. 手机管理：

手机！手机！

背景分析

随着社会的发展，手机已走进大众的生活，也成为学生们的“好伙伴”。手机是把双刃剑，利用得当，可以给学生们带来生活甚至学习上的帮助，反之，则会给他们带来巨大的反噬。2021 年 1—4 月，教育部先后印发“五项管理”的通知，其中就有针对手机的管理，强调要防止学生过度使用手机。

三年级的孩子处于懵懂期，一接触手机就容易沉迷，家长的放任管理或过度管理往往会适得其反，手机没有管住，家庭关系却剑拔弩张。此时，家校携手，共同引导孩子正确使用手机是当务之急。

本次家长会的参与对象是三年级学生家长，时间是三年级下学期 3 月份。

会议目标

目标	家长	学生
知识层面	了解手机对孩子成长的利弊；了解孩子是否沉迷于手机，以及沉迷的原因和程度。	了解使用手机的利弊，以及沉迷手机对身体和学习带来的危害。

续表

目标	家长	学生
能力层面	能分析孩子沉迷手机的原因；能运用合适的方法，引导孩子正确使用手机。	能提高自控能力并合理使用手机。
态度层面	面对亲子沟通中出现的问题，愿意做好情绪管理。	愿意提高自控能力，养成合理使用手机的习惯。

会议准备

1. 材料准备

制定调查问卷，提前打印 2 份承诺书模板和 1 份约定内容，提前安排四名学生排练好 AB 剧，准备好笔，制作 PPT。

2. 环境准备

布置黑板，将桌子按圆桌会议形式摆放，摆成六组。

3. 其他准备

（1）学生提前做好个性邀请函，并设计邀请函内容。

（2）教师提前阅读有关孩子为何沉迷手机，如何引导孩子正确使用手机等相关文章，收集相关图片。

（3）开展问卷调查。提前让孩子带回调查问卷一，请家长填写；调查问卷二在家长会现场发放或用 PPT 呈现。

调查问卷一

手机，让我们的生活更加便利，让大家的空闲时间更加精彩。手机对孩子来说更有吸引力，手机的利与弊成为家长、学校、社会所关心的问题。本问卷不计名，感谢您的如实答写。

1. 您的孩子在家会使用手机吗？

A. 经常　　B. 偶尔　　C. 基本不　　D. 从不

2. 您的孩子每天使用手机的总时长大约有多久？

A. 0 小时　　B. 0.5 小时以内　　C. 0.5 ~ 1 小时　　D. 1 ~ 2 小时

E. 2 ~ 3 小时　　F. 3 ~ 4 小时　　G. 4 小时以上　　H. 不清楚

3. 您的孩子在使用手机时主要用于哪些方面？（多选）

A. 查资料或阅读文章　　B. 看视频　　C. 玩游戏　　D. 刷微博

E. 聊天　　F. 完成学习任务　　G. 其他　　H. 不使用手机

4. 在使用手机问题上，孩子是否服从家长管理？

A. 服从　　B. 有时服从，有时不服从　　C. 不服从　　D. 不使用手机

5. 您认为您孩子的学习受到手机的影响了吗？

A. 基本没有　　B. 有一定影响　　C. 严重影响　　D. 不使用手机

6. 您对孩子使用手机持何种看法？

A. 孩子就应该以学习为主，没有必要使用手机

B. 孩子可以适当使用，查询资料或玩游戏放松，但时间不宜过长

C. 孩子平常学习辛苦，应该让他玩

7. 当您感觉孩子使用手机的时间过长时，您的处理方式是什么？

A. 不提醒，直接没收手机

B. 先提醒，没得到回应就没收手机

C. 先提醒，提醒后孩子就会停止使用手机

D. 先提醒，同时跟孩子约定停止使用的时间，孩子一般会执行

E. 反复提醒无效，无可奈何

F. 放任自流

8. 您教过孩子如何正确、合理地使用手机吗？

A. 教过　　B. 从来没有　　C. 偶尔

调查问卷二

手机在我们的生活中不可缺少，但过于依赖手机，也会成为一种心理疾病，那就是手机依赖症。

现在我们来做个测试，看看自己是否有手机依赖症。您只需在问题后写“是”或“否”：

1. 您是否总把手机放在身上，如果没带就会感到心烦意乱，无法做其他事情？
2. 当一段时间手机铃声不响，您会感到不适应，并下意识地看一下是否有未接电话？
3. 您是否经常下意识地找手机，不时拿出手机看看？
4. 您是否经常害怕手机自动关机？
5. 当手机时不时连不上线，收不到讯号时，您是否会产生焦虑和无力感，而且脾气也变得暴躁起来？
6. 您最近是否经常有手脚发麻、心悸、头晕、冒汗、肠胃功能失调等症状？

会议过程

家长会开始前播放暖场歌曲《手机手机我问你》，PPT 显示家长会主题。

师： 亲爱的家长朋友们，今天的话题我们将从一组数据说起。请看来自中央网信办网络安全协调局的数据。（播放中央网信办网络安全协调局的数据视频）

师： 您家孩子喜欢玩手机吗？请家长朋友们举手示意。

预设： 大多数家长举起了手。

师： 原本朝气满满的孩子，自从有了手机，就“两耳不闻窗外事，一心只顾刷手机”。为了不让孩子沉迷手机，很多父母使出浑身解数，没收手机，甚至打骂孩子，都收效甚微。如何让孩子正确、合理地使用手机，成为众多家长的一大难题。今天，我们就一起出谋划策。

设计意图 暖场歌曲，唱出孩子的心声，引起家长的共鸣。导入部分从一组网民数量的数据开始，吸引家长关注今天的话题；又通过一个问题并抛出手机管理成为众多家长的一大难题这一事实，说到家长的心坎上，勾起家长的学习欲望。

第一环节 谈“机”色变，聊现状

1. 手机现状大家聊

师：亲爱的家长朋友们，我们的孩子现在是三年级，为了更准确地了解目前孩子们使用手机的情况，我们提前进行了一次问卷调查，了解到有的孩子从不玩手机，有的孩子用手机查阅资料学习，还有的孩子经常使用手机玩游戏；有的家长管，有的家长不管，有的家长是想管却管不了；有的家长爱玩手机并且是在孩子面前玩，有的家长会避开孩子玩手机……

师：家长朋友，一张问卷涵盖不了所有的情况，现在请您自愿站起来说一说关于您家孩子玩手机的情况。

预设：

（1）我家孩子特喜欢玩手机，网瘾越来越大。

（2）我家孩子玩起手机来，外界的一切声音他都听不到。

（3）我家孩子成天就知道玩手机，也不出去找伙伴玩。

（4）我家孩子偷偷摸摸玩，眼睛都近视了。

师：听家长们所讲，可真是令人担忧。看来，部分孩子已沉迷手机，家长需要及时干预了。

2. 手机问题共思考

师：亲爱的家长朋友，了解了孩子玩手机的现状，现在我想了解一下家长使用手机的现状。您平常都用手机干什么？

预设：

（1）我用手机大多是处理工作上的事情。

（2）我喜欢玩手机，很多时候就是刷视频。

（3）我喜欢用手机打牌。

（4）我平时没事就喜欢玩游戏。

（5）我平时爱看网络小说。

师： 是呀，手机为我们带来了很多便利，在我们的生活中不可或缺。但大家是否过于依赖手机呢？现在我们来做个测试，您只需在问题后答“是”或“否”就行。（发放调查问卷二，也可直接用 PPT 显示。）

师： 现在我们以举手的形式统计答案。请超过一半题目回答了“是”的家长举手。

家长举手，教师对比统计。

师： 这部分家长很可能已经患有“手机依赖症”。您的手机依赖症是否对孩子产生影响呢？我们通过两个案例来揭晓答案。（播放视频案例一：家长没空，网游来陪；案例二：家长沉迷手机，孩子有样学样。）

师： 家长朋友，您在现实生活中有和视频中的现象类似的行为吗？请有此种现象的家长举举手。

过渡： 沉迷手机谁之过？通过视频我们明白了，孩子之所以沉迷手机，其中一个原因是家长做了不好的示范。其实，家长不良示范只是原因之一。大家请看：（出示图片）这是排队等地铁的间隙，这是陪伴父母的餐桌上，这是孩子之间的娱乐，画面里都是人手一部手机，这些都是促使孩子“爱”上手机的原因。

设计意图 教师通过问卷调查及家长现场的交流，了解孩子玩手机的现状；通过现场问卷调查、观看视频及家长自查，了解家长使用手机的情况，最终得出结论：孩子沉迷手机，是因为家长做了不好的示范以及孩子受周围环境的一些影响。这些设计引起家长的反思及重视。

第二环节　闻“机”起舞，明利弊

1. 手机利弊大家谈

师： 互联网时代，让孩子远离手机，不接触电子产品，并不现实。但对手机的不当使用所带来的种种副作用日益凸显，家长谈“机”色变。现在请大家分组讨论手机带来的利和弊。

现场分六组讨论，左边三组谈“利”，右边三组谈“弊”。汇报时，左三组选一人记录右三组所说“弊”的数量，右三组选一人记录左三组所说“利”的数量。

预设：

左三组：手机给孩子带来了更便捷的学习机会，孩子通过手机了解了更多的课外知识；我的孩子通过手机学会了很多英语单词；手机可以绘声绘色地讲故事给孩子听……

右三组：玩手机，孩子的眼睛都近视了；自从玩上手机游戏，孩子的成绩都下降了；孩子玩手机后，脾气越来越暴躁；孩子就喜欢待在家里玩游戏，也不出去与伙伴们玩；孩子经常玩手机，注意力都不够集中了，做事情毛毛躁躁的；手机中的不良信息对孩子有很大影响……

师：从家长们的回答来看，大家都觉得手机弊大于利。总结一下：一个是内容方面，大家觉得游戏及不良信息对孩子造成了消极影响；另一个是无节制地玩对孩子的身体造成危害。手机有这么多弊端，为什么还会如此吸引孩子，甚至让家长也沉迷呢？现在让我们深入地探讨一番。

2. 透过现象看本质

（1）手机为何如此迷人。

师：手机为何如此迷人呢？我现场采访一下家长们。

预设：

①工作可以找它。

②娱乐可以找它。

③学习可以找它。

④购物可以找它。

⑤无聊时更可以找它。

师：大家可以想一想，我们工作、休闲娱乐、学习、购物等都可以用手机，它就是我们的一个工具，为什么我们会被工具奴役呢？

（2）手机如何为我所用。

师： 当务之急，我们应更多地思考手机如何为我所用，并且引导我们的孩子正确使用手机。我对孩子进行问卷调查时，当问到“你在家玩手机，父母在做什么？”时，回答最多的是“父母忙其他事情去了”“父母也在玩手机”。您看，好多家长在孩子玩手机时是放任不管的，谈何引导？

过渡： 生活中，我们常常将孩子沉迷手机的错归咎于手机，其实，不是手机夺走了我们的孩子，是我们将孩子拱手让给了手机。那么我们该怎么办呢？

设计意图 家长分组讨论利弊，教师总结利弊，并引导家长透过现象看本质，进行深入探究，让家长明白手机的弊端是使用不当造成的，孩子沉迷手机不是手机的错，而是家长没有引导孩子掌握正确的使用方法。

第三环节　见“机”行事，巧引导

1. 引导家长说——责任在我身

师： 手机就是一把双刃剑，我们把它当成生活和学习的工具，它就为我们服务；把它当成玩具，我们就会被它奴役。不让手机绑架孩子们的生活，关键在于如何合理使用它。大家还记得前面所说的自己使用手机都干什么吗？

预设： 刷视频、聊天、看小说、购物、玩游戏、工作等。

师： 我想问下家长，不用手机做这些对我们的生活有影响吗？

预设： 没有。

师： 那要是做了，对我们的孩子有影响吗？

预设： 有，特别是在孩子跟前玩手机，孩子也会有样学样。

师： 下面请家长朋友们观看由孩子们带来的 AB 剧。

四名学生表演情景剧，每个情景剧由两名学生分别扮演孩子与家长。

A 剧：家长下班回家就躺在沙发上拿出手机刷视频、玩游戏，正在写作业的孩子听到爸爸玩游戏发出的声音，也不自觉地来围观，并且加入游戏。

B 剧：吃过晚饭后，孩子写作业，爸爸在看书。孩子作业写完了，收拾好学具，看到爸爸在读书，也拿了一本书津津有味地看了起来。

师：感谢孩子们的精彩表演！现在请家长朋友们谈谈看完情景剧的感受。

预设：

（1）孩子迷上手机是因为家长没给他创设一个好的环境。

（2）孩子迷上手机是因为家长没有给孩子好的陪伴。

（3）孩子沉迷手机，是家长没做好榜样。

师：是呀，孩子迷上手机很大部分责任还是在大人身上，在于我们没有做好榜样，在于我们没有正确引导。

2. 指导家长做——躬身而力行

师：家长朋友们，可能有时你们自己都没注意到，当你们用手机玩游戏时，当你们刷手机难以自拔时，你们的孩子正看在眼里，也正在模仿，孩子的手机瘾就是这么一步步养成的。当你们发现孩子沉迷手机后，你们又是怎么做的呢？

预设：说过、打过，断过网线，摔过手机。

师：手机并非洪水猛兽，它是科技发展的产物，它为孩子接触外面的世界打开了通道。如果我们无视手机在孩子成长中的积极作用，而一味地禁止孩子使用手机，难免会有因噎废食之嫌。在孩子使用手机这个问题上，宜疏不宜堵。家长要想让孩子不沉迷手机，就得想办法帮孩子合理地使用手机。现在进行头脑风暴，大家集思广益商讨出更有效的方法。

家长小组讨论，汇报，教师总结。

师：经过大家商讨，可以有以下几种方法：

（1）父母以身作则。我们不难发现，身边爱读书的父母，他们的孩子是很少沉迷手机的；沉迷手机的孩子，他们的父母一定是成天机不离手的。

“只许州官放火，不许百姓点灯”是万万不可取的，如果你不让孩子玩手机，自己却玩得不亦乐乎，那还谈什么言传身教？要想让孩子少玩手机，父母要起到榜样作用。和孩子在一起的时候，学会放下手机，多陪伴孩子，这是帮助孩子戒掉手机瘾的最佳途径。

（2）丰富家庭生活。在陪伴的基础上，还应丰富家庭生活。家长朋友们说到了可以通过以下活动来丰富家庭生活：定期的家庭会议，亲子阅读，亲子游戏，周末郊游，运动，看电影，一起做家务，一起做美食……

（3）培养兴趣爱好。孩子沉迷玩手机，一方面是因为手机的吸引力太大，另一方面是因为除了玩手机，他们似乎找不到其他的娱乐方式。因此，培养兴趣爱好显得十分重要。如果孩子有了明确的兴趣爱好，他就会把注意力集中在自己的兴趣上，哪里还有时间浪费在玩手机上呢？孩子的兴趣爱好不一定非得是琴棋书画，也可以是外出远足、读故事书、研究花草、制作美食等。

（4）制度管人。可以与孩子共同商量使用手机的公约，可以从时间、地点、内容等方面约定。注意，是共同商量，而不是家长一意孤行。约法三章还应有奖惩制度，这样孩子才有动力。这个制度不应只针对孩子，还要对家长有约束。商定好所有内容后，以书面形式呈现，张贴上墙，家长和孩子共同遵守，互相监督。

（5）利用管控软件。利用管控软件实现技术支持。这个软件可以限制孩子玩手机的时长，对孩子玩手机起到管控作用。

师：家长朋友们，建议大家在引导孩子正确使用手机的过程中，做好情绪管理，态度温和而坚定。

过渡：手机问题的关键在于管理，管理的关键在于如何科学有效地引导及指导。在孩子使用手机的过程中，我们也应根据情况因势利导，与孩子一起成长。

设计意图 情景剧让家长明白孩子沉迷手机的大部分责任在大人身上；头脑风暴让家长自己商讨出有效方法，家长会更明白今后该如何去做。

第四环节　随“机”应变，共成长

师： 今天的家长会让许多家长认识到孩子沉迷手机责任在自己，也有不少家长决心要做孩子的好榜样。现在我们就写下自己的承诺，给孩子做好表率。这张纸上我设计了三块内容，左上方由家长写下自己的承诺，右上方由孩子写下自己的承诺，下面的心形图中写下“我们的约定”。孩子的承诺书及共同的约定回家后再完成。完成后，家长和孩子都签上名字，贴在家里显眼的位置。

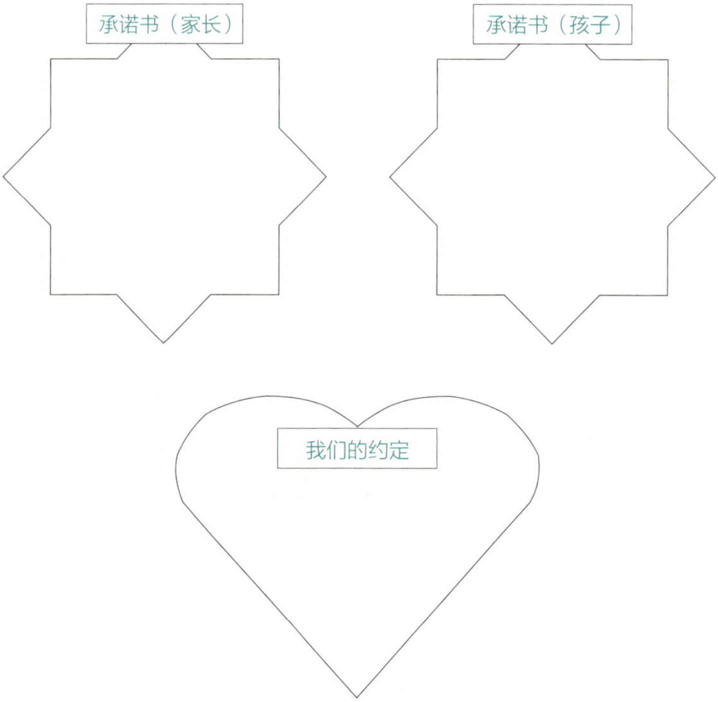

设计意图 通过“承诺书”及“我们的约定”的书写及张贴，家长和孩子共同成长，合理使用手机。

会议总结

家庭是人生的第一所学校，父母是子女的第一任教师。身处互联网时代，面对智能手机的普及，广大家长必须与时俱进地提升家庭教育智慧，引导孩子养成合理使用手机的习惯，才能称得上是负责任的家长、称职的家长、明智的家长。

会议延展

1. 回访

两周后利用问卷星对家长进行回访：

（1）家长用什么方法引导孩子正确使用手机？

（2）家长是否与孩子一起遵守使用手机公约？

（3）孩子合理使用手机的效果如何？

（4）在实施引导的过程中，您还使用了其他什么好的方法？

2. 追踪学生状态

三周后让孩子写一写不再沉迷手机后的变化，可以是心理变化，可以是自己的状态变化，也可以是学习方面的变化等。

（河南省信阳市第九小学　陶海燕）

12. 安全教育：带上安全出行

背景分析

《中小学公共安全教育指导纲要》中指出："培养学生的社会安全责任感，使学生逐步形成安全意识，掌握必要的安全行为的知识与技能，了解相关的法律法规常识，养成在日常生活和突发安全事件中正确应对的习惯，最大限度地预防安全事故发生和减少安全事件对中小学生造成的伤害，保障中小学生健康成长。"

三年级的学生大多生活在父母的保护下，他们对生活中存在的安全隐患缺少认知。暑假即将到来，学生外出游玩较多，他们的交通安全意识淡薄，需要家长及时提醒、做好监督。为此，召开交通安全主题家长会是非常必要的。

本次家长会参与对象是三年级学生及其家长，时间为三年级下学期 6 月份。

会议目标

目标	家长	学生
知识层面	了解孩子交通安全学习的知识，懂得交通安全知识。	掌握道路交通安全常识，认真学习道路交通规则。

续表

目标	家长	学生
能力层面	能引导孩子提高交通安全意识，能用正确的方法指导孩子严格遵守交通规则。	掌握交通法规常识，学会基本的自救方式。
态度层面	自觉担当起孩子安全的引导者，给予孩子力所能及的帮助。	能提高交通安全意识；积极向父母、老师请教交通知识，外出时向家长告知自己的去向；安全面前不盲从、不侥幸。

会议准备

1. 材料准备

准备白纸、马克笔。

2. 环境准备

布置好教室，把桌子摆成圆桌会议的形式。

3. 其他准备

（1）提前排演学生快板《安全知识多乐多》，准备若干张 A3 纸、马克笔。

（2）提前安排学生准备好模拟法庭的座签、桌椅和交通安全法律相关资料。

（3）提前安排学生排练情景剧《我为什么这样》。

（4）教师及时研读《中华人民共和国道路交通安全法》和《中华人民共和国家庭教育促进法》。

会议过程

家长会开始前，播放歌曲《安全歌》，为会议做铺垫。

师：各位家长好，本学期孩子们在学校的学习和生活已圆满结束。今天，在这里，我就把孩子假期生活的接力棒交给你们，希望你们能为孩子的暑假生活保驾护航。作为班主任，我最担心的就是学生的假期安全问题。安全并不是一个新话题，它是需要时时刻刻挂在嘴边的问题。在学校，我多次通过班会和主题教育活动对孩子渗透各种安全知识，包括每学期都开展的防暴恐、防拐骗、防震、防溺水等，孩子在体验中增强了安全意识，也提高了安全责任心。假期孩子应该注意哪些安全问题？家长该如何提醒？家长应承担起怎样的责任呢？接下来让我们走进“带上安全出行”家长会。

第一环节　安全“大”又“小”

1. 快板展示——《安全知识多乐多》

师：我们知道安全很“大”，因为它涵盖内容多、范围广，在我们身边随处可见，如街道的安全标语、药瓶上的说明书等都包含安全知识。接下来请大家欣赏快板《安全知识多乐多》。

（PPT 出示快板词）

安全知识多乐多

（甲）竹板响，走上前，今天我们说安全。
（乙）哪些方面要注意，一条一条听仔细。
（甲）不玩火，不玩电，火电无情很危险。
（乙）110、119，报警电话记心间。
（甲）消防安全很重要，学校安全须知道。
（甲）校园内外无打闹，上下楼道少乱跑。
（甲）上楼梯，不拥挤，排队需要快静齐。
（乙）游戏活动守纪律，遇到矛盾找老师。
（甲）尖锐玩具不乱玩，自我防护是关键。
（乙）学校安全是关键，学生平安更需要。
（甲）家里来人仔细看，开门不要太随便。
（乙）电源插座不乱摸，高压电线不靠近。
（甲）食品卫生要记清，小摊购物要当心。

（乙）注意安全是关键，安全常识须记牢。

（合）对对对，安全是关键，安全常识须记牢。

（甲）竹板响，走向前，我们来表一表安全。

（乙）好好好，对对对，先来表表交通安全。

（甲）道路交通安全是关键，道路交通规则要记牢。

（乙）红灯停，绿灯行，黄灯亮后停一停。

（甲）过马路，左右看，人行横道我来行。

（乙）行车道上不玩耍，来往车辆要看清。

（甲）上车下车不拥挤，先下后上有秩序。

（乙）上学骑车很危险，上学放学靠右行。

（甲）安全大事是第一，时时刻刻须小心。

（合）对对对，安全大事是第一，时时刻刻须小心。

（合）人人都来讲安全，生活能更美好！

人人都来讲安全，生活能更美好！

预设：家长看完学生的表演纷纷夸赞，同时又意识到安全无处不在，要时时刻刻提醒孩子把安全记心上。

2. 案例分析——防微杜渐

师：大家欣赏了孩子们的快板表演，知道了孩子应该学习的安全知识有很多。我们知道每一个安全事故的发生都有因可循。接下来请看视频——《小火亡人》。（播放提前在安全教育平台上下载的视频）

师：现在我们进行现场采访，请问这次火灾的根源是什么？

预设：

（1）有家长说视频中烧烤店的老板因疲惫，掉以轻心，引起了火灾。

（2）有家长说如果提高安全意识，这场火灾是可以避免的。

（3）有家长说身边的隐患我们往往很难觉察，要时时提醒自己。

师小结：古语云："千丈之堤，以蝼蚁之穴溃；百尺之室，以突隙之烟焚。”防微杜渐，莫让小祸酿成大祸。请大家从身边小事做起，注意生活中的细节，及时发现并消除身边隐患。

过渡：各位家长已经意识到，身边有很多安全隐患源于粗心、无意识。接下来，我们聚焦假期孩子的交通安全，一起看看孩子掌握了哪些交通安全知识。

设计意图 快板表演提高大家的安全意识，观看视频引起家长的思考，明白对身边的小隐患也不能掉以轻心，同时也为家长当好孩子暑期安全责任人做好铺垫。

第二环节　交通安全知识知多少

1. 思维导图——交通知识概览

师：家长会前已安排每个孩子做了关于交通安全知识的思维导图，接下来，请孩子们为父母讲一讲自己梳理的交通安全知识。

师：孩子讲完之后，请家长思考孩子对交通安全知识了解多少。知道孩子知识的起点，针对孩子的知识空白，家长可以通过查阅资料与孩子一起补充学习，时间为 10 分钟。

师：绘制思维导图是想了解孩子到底掌握了哪些交通安全知识。针对知识盲区，家长需要在以后的生活中及时为孩子普及。

2. 模拟法庭——交通法律知识链接

师：接下来我们一起观摩孩子模拟法庭的活动，请家长朋友们边看边思考，希望家长朋友在此次活动中能受到启发。

温馨提示

可以找几位坐在门口方便进出的家长帮助孩子抬桌子，布置一下会场。

（PPT 出示）

事件背景

胡某 10 岁，周末骑自行车外出，因骑行速度快，与迎面骑着三轮车的李某相撞，造成胡某一颗牙齿当场折断，胡某把李某告上了法庭。（补充：李某 20 岁，是一名大学生，李某按照交通规则骑行。）最后李某胜诉，理由是胡某违反了《中华人民共和国道路交通安全法实施条例》的第七十二条规定：在道路上驾驶自行车，必须年满 12 周岁。据悉，未满 12 周岁的孩子骑自行车造成车祸，其监护人须负担法律责任。

学生模拟法庭活动。

师：如何知道未满 12 周岁的孩子骑自行车造成车祸，其监护人应承担法律责任？

预设：多数父母对这方面知识触及较少。

师：法律面前人人平等，孩子不了解交通法律知识，家长朋友们首先要学习法律知识，进而为孩子普法。

过渡：家长朋友们了解了孩子对交通知识掌握的程度。法律知识的欠缺我们可以通过学习来弥补，但交通安全意识也很重要，在很大程度上决定着孩子的行为规范。接下来，我们通过情景剧来了解孩子目前的交通安全意识怎么样。

设计意图

孩子绘制的交通思维导图，让家长明晰了孩子对交通安全知识掌握的情况，引导家长一起学习交通安全知识。观摩孩子模拟法庭的活动，家长和孩子真真切切地把交通法律知识入心入脑，同时这样的活动又警醒家长要负起监管责任。

第三环节　交通安全意识放大镜

1. 情景剧——《我为什么这样》

小刚上学即将迟到，这时对面的红灯正在闪烁。他看到很多人横穿马路，犹豫了几秒，也跟着人群穿马路，结果被一辆电动车撞倒了。

预设： 家长看完情景剧纷纷表示孩子缺乏定力，没有守住自己的底线。看到没人监督，想怎么样就怎么样，这是从众心理作祟。

2. 教师现身说法——为什么会“违规”

师： 有一天，我外出开会，骑电动车没戴头盔，过马路时被交警拦住，开了罚单，我被罚了钱。(《郑州市非机动车管理办法》明文规定：电动车驾驶人或者乘坐人不佩戴安全头盔的，处以警告或者 20 元以上 50 元以下罚款。）听完我的故事，你们觉得我没戴头盔是出于什么心理？

预设： 很多家长说是侥幸心理。

师： 请家长朋友们也对照我的经历，看看自身是否存在安全方面的侥幸心理，有则改之，无则加勉。

3. 讨论汇总——交通安全意识“提高剂”

师： 家长朋友们，刚才的情景剧和我自身的故事给大家带来了很多思考。我们如何帮助孩子克服从众心理、侥幸心理呢？请大家集思广益，为孩子们支支招。

家长分组讨论，如参与家长会的有 40 位家长，可以提前分为四组，讨论完后每组选一个代表发言。

预设：

第一组：家长要积极学习交通法律知识，依托家庭会议为孩子普及法律知识。

第二组：在生活中遇到安全问题时，及时与孩子聊聊，并告诉他们怎么做是正确的。家长要做好榜样。

第三组：孩子出门或者去哪里前家长都要及时提醒：看清红绿灯，遵守交通规则，不盲从。

第四组：借助故事书，给孩子讲述交通安全故事，一起判断书中人物的做法是否正确。

师：家长们经过激烈讨论，利用团队的智慧，为孩子们总结了提高安全意识的方法，这一剂剂提高安全意识的良方，希望大家掌握并能运用。

过渡：我们的孩子年龄小，假期外出时还需要家长做好监督和陪伴，承担起自己的责任，为孩子创造学习的机会，提高交通责任安全意识。

设计意图 情景剧引导家长自查孩子缺乏交通安全意识的原因，教师现身说法提醒家长在今后的生活中提高自身的交通安全意识，最后的家长支招，为提高孩子的安全意识做好榜样。

第四环节　交通责任意识显微镜

1. 游戏——家长是孩子的镜子

师：接下来我们跟孩子做一个游戏，放松一下。

（PPT 出示）

孩子当镜子，模仿家长的动作。以下动作由极慢逐渐加快：

（1）举左手—举右手—双手拍拍—放下。

（2）抬左脚—转一圈—放下—抬右脚—转一圈—放下。

（3）双手摸头—摸肩—摸膝盖—摸脚。

游戏过程：

游戏时，家长下口令，让游戏按节拍完成，烘托游玩的欢快氛围。节奏可由慢而快，再更快。当孩子们跟不上节奏时，就要重来，直到父母和孩子都能顺畅完成这些动作。

接下来，家长当镜子，孩子下口令，重复上面步骤。

师：游戏做完了，我想了解一下家长们的感受。

预设：家长说在游戏中学会了要有耐心，给孩子做示范的同时要与孩子配合好，不仅让自己动起来，还要影响孩子动起来，这个游戏才算成功。

师：有时家长是孩子的镜子，有时孩子是家长的镜子，家长与孩子彼此照见。你是什么样孩子就是什么样，希望我们的家长朋友做好榜样，帮助孩子安全健康成长。

2. 知行合一——安全岗位体验

师：为了加强孩子的安全责任意识，家长不仅要做好榜样，还要想办法让孩子到真实场景中去体验。家长可以协助孩子到所在社区或者区文明办，让孩子体验做小小交通安全员。在这个过程中，会产生“栽花效应”，他们会时刻提醒自己做好交通安全小榜样。接下来，我们一起观看往届学生做小小交通安全员的视频。大家可以作为体验活动的参考。（播放视频）

预设：孩子们看完学长学姐的岗位体验视频，愿意假期去体验。部分家长担心孩子自己去体验会存在安全问题。

师：家长可以和孩子一起申请做交通安全员，与孩子一起在生活中成长。

师总结：孩子们在体验中自醒与觉察，于岗位体验中潜移默化地提高了交通安全责任意识。

设计意图

亲子游戏引导家长做好孩子的榜样，在家庭教育中对孩子始终保持耐心、细心。建议家长带领孩子做交通安全员，有利于家长和孩子及时发现问题，增强交通安全责任意识。

会议总结

亲爱的家长朋友们，孩子们的健康成长关系到家庭幸福、社会稳定、祖国未来、人类希望。暑假期间，我们除了引导孩子注意交通安全，还有其他很多方面的安全知识可以学习。

《中华人民共和国家庭教育促进法》要求家庭教育关注未成年人身心健康发展，教导他们珍爱生命，并开展交通出行、健康上网和防欺凌、防溺水、防诈骗、防拐卖、防性侵等方面的安全知识教育，帮助他们掌握安全知识和技能，增强自我保护的意识与能力。希望各位家长不缺位，不越位，暑假与孩子好好享受生活的同时，帮助孩子做好各种安全防护。最后祝大家过一个充实又平安的假期。

会议延展

（1）假期举行安全顺口溜改编活动，以视频解说的形式发到班级微信群，利用投票小程序评出“安全才艺达人”。

（2）假期组织学生、家长进行线上交通安全常识竞赛活动。

（3）利用班级微信群，积极为家长推送学生暑假外出安全攻略。

（4）建议家长暑假陪伴孩子看《超级伙伴》安全教育电影。

（5）下学期初，对参与假期体验活动的小小安全员进行表彰。

（河南省郑州市郑州大学实验小学　何蕊）

13. 立志教育：让孩子“预见”未来的自己

背景分析

在很多发达国家，职业启蒙教育已经形成各具特色的有效模式。我国的职业启蒙教育现在也在积极探索。国务院在 2017 年 1 月颁发的《国家教育事业发展“十三五”规划》中特别指出：“在义务教育阶段开展职业启蒙教育。”

四年级学生有朦胧的职业意识，职业认知水平低，对当前学习与未来职业之间的关系认识比较模糊，不太清楚自己的理想职业是什么，为了实现理想职业要去做哪些努力。

四年级家长的家庭教育意识强，但往往更加重视学习习惯的培养，而忽略了职业启蒙教育。很多学生认为自己的学习目标只是考上一所好大学或是将来挣到很多钱。

本次家长会参与对象是四年级学生家长，时间是四年级上学期开学。

会议目标

目标	家长	学生
知识层面	了解职业启蒙教育的意义。	知道什么是“职业”及其特点。

续表

目标	家长	学生
能力层面	掌握帮助孩子建立职业梦想的方法，能够帮助孩子正确认识自我，探索世界。	能够积极主动探索职业知识，在职业观摩和职业体验等活动中提升综合素养。
态度层面	有意识地引导孩子进行职业认知和探索，积极配合班级开展职业启蒙教育活动，并提供相关资源。	积极主动了解自我与社会、学习与生活的关系，树立远大志向，增强职业生涯规划意识。

会议准备

1. 材料准备

（1）录制孩子回答“爸爸妈妈的职业是什么”“大人为什么要工作”的视频。

（2）录制孩子说自己的职业梦想的视频。

2. 环境准备

桌椅摆成小组围坐式，制作席卡、每个组的组牌名，准备点心、水果、纸巾等。

3. 其他准备

（1）请家长填写调查问卷。

（2）阅读《职业启蒙教育学》等相关图书。

调查问卷

亲爱的家长，您还记得儿时的梦想吗？您的梦想是否照进了现实？如果再让您有一次选择的机会，您又会如何选择？本期家长会主题是“让孩子‘预见’未来的自己”，我们来聊一聊职业梦想这个话题。

孩子长大了要干什么？能干什么？不知道您和孩子有没有认真思考过。众所周知，没有理想，人生迷茫。许多孩子从小就没有奋斗目标，长大后才开始考虑人生目标，仓促选择就业方向，为时已晚。为此，在家长会之前特编制此问卷，请您如实填写。

1. 您儿时的梦想是什么？

____

2. 您的儿时梦想实现了吗？

A. 有　B. 没有　C. 有一点关联

3. 如果再有一次选择的机会，您会继续从事现在的这个职业吗？

A. 会　B. 不会　C. 不太确定

4. 您知道自己孩子长大后想做什么吗？

A. 知道　B. 不太确定　C. 完全不知道

5. 您觉得职业需要规划吗？

A. 需要　B. 走一步看一步　C. 没考虑过

6. 您认为孩子实现自己的职业梦想，什么最关键？

A. 知识能力　B. 兴趣特长　C. 父母的建议　D. 其他

会议过程

师： 家长朋友们，在孩子眼里，爸爸妈妈是做什么的？我在班里提前做了调查。我们来听听孩子是怎么说的。

播放会前录制的学生回答两个问题的视频：A. 你知道爸爸妈妈是做什么的吗？ B. 你觉得大人为什么要工作？

第一环节　说一说，家长儿时的梦想

1. 数据看梦想

师： 孩子们的童言童语让我们忍俊不禁，有的孩子对爸爸妈妈的职业比较了解，认为爸爸妈妈很了不起；有的孩子看着爸爸整天躺在沙发上玩手机，认为这就是爸爸的工作。我想，每一位家长在小时候一定有属于自己的

儿时梦想，这个梦想最终实现了吗？我们先来看一组数据。（PPT 出示问卷调查的第 2 题的统计数据）

预设： 看到数据，家长们陷入沉思。

2. 家长聊梦想

师： 有人说，做好每一件正在做的事情，梦想就会照进现实；也有人说，梦想和现实总是隔着一条鸿沟，梦想很难实现。我们来看看咱们班家长的儿时梦想都有哪些。请家长谈谈自己小时候的理想职业以及为什么有这个理想，如今又如何理解这个职业。

小组内交流：聊一聊自己实现梦想的经历，家长代表分享。

预设： 小组交流热火朝天，家长代表分享，激发家长帮助孩子规划人生的意识。

过渡： 重温了自己的梦想之后，接下来，我们一起想一想孩子未来的模样。

设计意图

家长会不只是聊孩子的问题，这一环节通过前期数据的整理，让家长重温自己儿时的梦想，用话题拉近距离，营造轻松、温馨的氛围。家长通过回顾自己的成长经历，更能体会到本次家长会的意义。

第二环节　想一想，孩子未来的模样

师： 通过会前的问卷调查，以及我们刚刚聊的话题，我们知道今天的家长会有一个核心词“职业”。

1. 写：您希望您的孩子将来从事什么职业

师： 请家长在会议记录单上写上您期望中的孩子未来的样子，希望他将来做什么以及理由。写完后，大家在组内分享。

预设： 家长们的期望有相同点，也有不同点。

2. 听：孩子的职业梦想

师：孩子们虽然还小，可能也有自己的职业梦想哦！那他们希望自己将来做什么呢？我们来听听孩子们是怎么说的。（播放孩子聊职业梦想的视频）

预设：孩子们的梦想五花八门。

3. 思：一组数据引发的思考

师：这是我在写一篇论文时查阅到的一组数据，请家长们看一下。

（PPT 出示）

教育部相关调查数据表明，初三学生中只有 11.4% 的城市学生和 7.1% 的县级城镇学生比较了解自己的职业兴趣和职业意向；高三学生中有高达七成以上的学生对专业并不了解；80% 以上的大学生对自己的所读专业不满意。

师：这组数据说明什么？孩子长大了要干什么，能干什么，许多家长和孩子并没有认真思考。在从小没有树立远大理想，没有培养个人爱好，没有锚定人生职业目标的教育环境下成长，很多孩子处于学习无意识和学习无目的的状态。虽然现在不少家庭重视孩子学习，但是忽略了职业启蒙教育，很多学生把考上一所好大学或将来挣到很多钱作为人生目标。我们的孩子能不能朝着预期中的样子发展？这不是一个简简单单的问题。我们作为父母应该怎么做？这是今天家长会的重点话题。

预设：初中、高中孩子的迷茫，触动了家长趁早规划孩子人生的意愿。

过渡：家长分享了对孩子的期望，孩子分享了自己的梦想，那么，如何才能树立梦想呢？

设计意图 此环节主要是激发家长们的思考，引发共鸣，知道培养孩子正确的职业观的重要性。

第三环节　学一学，树立梦想的方法

1. 播放视频《弱点》

一个无家可归的非洲裔男孩迈克尔·奥赫，他从小就是一个孤儿，智商相当于6岁儿童，一再地从领养家庭中逃走，后来遇上了好心的陶西太太。在后者的帮助下，迈克尔·奥赫逐渐找到了自我，在刻苦锻炼下，终于成为美国国家橄榄球联盟的首批球员。

师：请家长思考，电影中智商只有6岁水平的男孩为什么能够成为美国国家队橄榄球运动员？这是因为他遇到了有爱的一家人。陶西太太除了给予他家庭的温暖，同时也在帮助他发掘自己的兴趣、天分，从而能够正确认识自我，找到自我。

预设：家长们认识到家庭对孩子树立梦想的重要作用。

2. 家长分组讨论：人生设计师

师：有人说，培养孩子应顺其自然，将来的不确定因素太多；也有人说，人生设计在童年，成人需要为孩子做好领航。你们赞同哪一种观点？

预设：

（1）有家长认为要等孩子大一些再关注孩子的职业兴趣。

（2）有家长认为需要提前做职业启蒙，让孩子学习有目标，有动力。

师：我们如何在养育孩子的过程中，进行职业启蒙，帮孩子正确认识自我，树立正向的职业梦想，从而树立学习目标，激发动力呢？现在，我们来帮孩子做一回人生设计师。请先进行组内交流，根据随机拿到的选题，把讨论后确定的方法写下来。然后，每组派一名代表进行分享，其他家长可以补充。

（PPT 出示）

选题一：孩子想成为一名宇航员。

选题二：孩子想成为一名厨师。

选题三：孩子有很多很多梦想。

选题四：孩子不知道将来要干什么。

选题	
主要方法	
孩子需要做的	
家长需要做的	
可能遇到的困难	
其他补充	

预设：在填表的过程中，大部分家长对孩子的梦想规划越来越清晰，少部分家长也遇到了一些困难。

3. 老师分享方法

师：家长在孩子的童年根据其成长需求及特点，制定科学的职业发展路线，合理地规划未来，让孩子沿着有目标的人生道路去努力，这是负责、明智的家长应该做的。以下方法或许对您有所启发。

（PPT 出示）

1. 尊重孩子是家庭教育的起点

“幸运的人一生都被童年治愈，不幸的人一生都在治愈童年。”一个成年人身上所有的问题，大多能从他的童年生活中找到答案。所以，童年对一个人的影响非常重要。

父母应该把孩子看作平等的人，有独立个性的人。孩子是活生生的人，不是一辆我们可以随意掌控的汽车，“方向盘”不应该完全握在家长的手里。很多时候，我们需要了解、尊重、支持孩子的梦想。

2. 帮助孩子认识自我

让孩子认识自我，要让孩子学会对自己的兴趣、专长、特点、能力进行自我认知。心理学研究表明：如果一个人做自己感兴趣的事情，可以发挥智力潜能的 80% 以上；而做不感兴趣的事情，则只能发挥智力潜能的 20% 左右。为了更好地开发孩子的潜能，实现梦想，就需要发现和培养他的兴趣。同时在成长中，他能够感觉到在努力的道路上始终有家人的鼓励和帮助。这种方式对低龄孩子尤其重要，因为对他们来说，很多事是第一次尝试，家人的陪伴和鼓励会给他们更多的自信和克服困难的勇气。

3. 将不可能变成可能

当你发现孩子产生了职业梦想的萌芽，也许这个梦想听起来荒诞可笑，爸爸妈妈都要用心关注。把这些脑洞大开甚至是不切实际的梦想转化为可实现的目标是第一步。比如孩子说想成为宇航员登上月球，那么我们可以引导孩子做一个月球模型，读几本关于月球的书，或者是观测月球的变化等。家长并不是简单地鼓励孩子“那你就去努力吧”，而是让孩子明白这些职业的特点，以及兴趣和理想之间有什么联系，为了实现自己的职业理想要去做哪些努力。

4. 将目标分段具体化

对看似简单的目标，让孩子做细。我们从孩子们聊职业梦想的视频里看到，一些孩子在选择目标时往往挑一个最简单、最容易的。

对看似远大的目标，让孩子分段。引导孩子建立一个大目标，找出现实与这个目标间的差距，启发孩子思考朝向这个大目标，在小学、中学、大学阶段各要完成什么样的目标。在此基础上，思考如何调整学习方向，培养相应的能力和素质。设定每个阶段的目标时，我们要引导孩子选一个踮起脚尖够得着的目标。

对看似模糊的目标，让孩子定标准。孩子的目标往往很模糊，如看到世界杯比赛，他说：“我要做世界上最好的足球运动员。”那么，怎样才算世界上最好的足球运动员呢？跑得多快？怎样射门？怎样传球？家长和孩子通过一个个问题，将大而缥缈的目标勾勒出具体而形象的小目标，再去实现。如孩子现在可以加强运动，可以参加足球训练班，掌握足球技能，逐渐进步，从而得到持续的动力。

5. 培养孩子的职业认知

在童年阶段，引导孩子设立一个或者几个人生目标是很重要的。虽然许多人在成长旅程中可能会因为种种因素而改变轨道，但是，在人生最初的十几年里，有一个目标比没有任何目标要好得多。帮助孩子了解不同职业的特点，培养孩子的职业认知，并不是要求家长专横独断地把自己的愿望强加在孩子身上。家长可以跟孩子共同探讨他感兴趣的职业，为孩子创造接触各种工作的机会，让孩子进行职业体验、考察，和从事不同职业的人多接触、交谈，尽可能多地了解各种职业以及工作对个人素质和知识能力的要求。

预设： 学习了生涯规划的方法，家长的困惑得以解决。

过渡： 各位家长学习了规划孩子生涯的方法，让我们家校合力，共同帮助孩子规划人生。

设计意图 听家长们的想法，家长们以头脑风暴的方式得出方法，全班家长进行交流，比教师进行讲座式输出效果更加明显。正如金字塔学习理论里提出的，将被动学习转为主动学习。教师最后再从更专业的角度总结方法，促进家长将学习成果内化。

第四环节　联一联，邀请家长们参与

1. 介绍班级职业启蒙系列活动规划

师： 引导孩子规划未来，进行职业启蒙，并不意味着现在就进行职业训练。这样做是为孩子提供全面的、广阔的、丰富有趣的基础知识教育。接下来，班级会以“认识生命，发现自己”为主题，进行以下系列活动。

（PPT 出示）

1. 主题班会：认识生命，发现自己。

2. 班级共读:《职业是什么》《儿童职业启蒙百科》。

3. 职业调查：让孩子调查亲人的职业。

姓名	与你的关系	他 / 她的职业	职业幸福指数	他 / 她为了实现自己的职业梦想做了哪些努力	说说你对这个职业的新认识
我的采访小结:					

4. 职业百科知识小讲堂。要求孩子确定自己想要介绍的职业，并引导孩子对自己喜爱的、趣味的、冷门的或者鲜为人知的职业进行介绍。然后从职业名、职业性质特点、需要掌握的专业技能和素养、职业名人四个方面进行介绍。

5. 家长的职业讲堂。内容包括与职业有关的知识、工作要求、内容、性质、条件、求职方法、自己所做的努力等。

6. 职业体验、考察、班级义卖、家务劳动展示。

7. 以小组为单位，进行十大热门行业的调查、访问。

顺序	过程
1	查阅报刊、网络、书等，看看哪些行业受欢迎。
2	小组内讨论并整理出组内认为最受欢迎的十种行业，做好受欢迎度排名。
3	组内派代表在班级交流调查结果，并简单介绍搜集、讨论的方案及过程。
4	从这些热门行业中，全班评选出最喜欢的十大行业。

预设：家长们表示积极配合老师，深感做好孩子的职业启蒙是一件非常有意义的事。

2. 设计邀请函，让家长现场填写

预设：家长积极选择自己力所能及的项目。

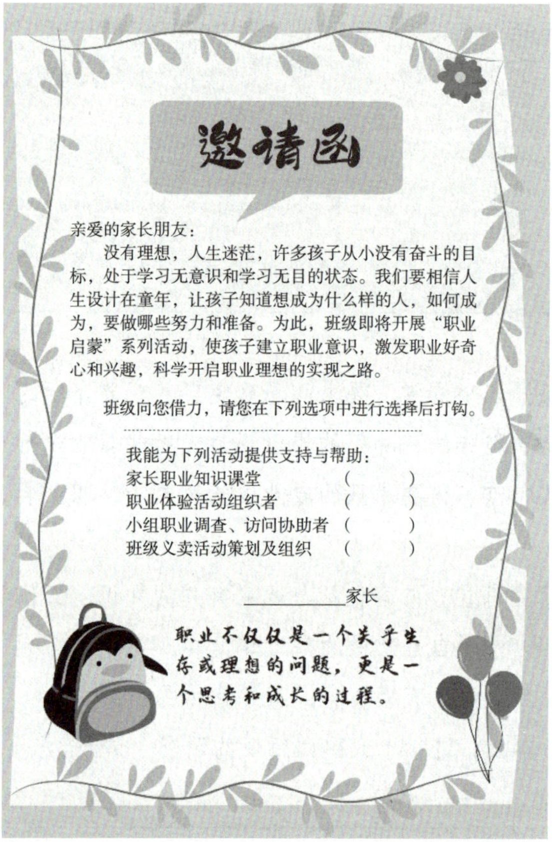

邀请函

亲爱的家长朋友：

没有理想，人生迷茫，许多孩子从小没有奋斗的目标，处于学习无意识和学习无目的状态。我们要相信人生设计在童年，让孩子知道想成为什么样的人，如何成为，要做哪些努力和准备。为此，班级即将开展“职业启蒙”系列活动，使孩子建立职业意识，激发职业好奇心和兴趣，科学开启职业理想的实现之路。

班级向您借力，请您在下列选项中进行选择后打钩。

我能为下列活动提供支持与帮助：

家长职业知识课堂 （　　）

职业体验活动组织者 （　　）

小组职业调查、访问协助者 （　　）

班级义卖活动策划及组织 （　　）

________家长

职业不仅仅是一个关乎生存或理想的问题，更是一个思考和成长的过程。

3. 家长阅读书目推荐

为家长推荐适合阅读的图书，如《让孩子成为他自己》《人生设计在童年》。

设计意图

介绍班级职业启蒙系列活动的计划，目的是告诉家长接下来家校共育的合作任务。班级活动的组织，通过任务驱动，让学生和家长有目的、有计划地行动起来。家长会是能引起共鸣、启动活动的好时机，让家长知道做什么、为什么做、怎么做，成为活动育儿共同体中的一分子。地域不同、学情不同，职业启蒙的活动策划会有所不同。这个环节需要教师根据自己班级的情况、家长的层次量体裁衣。

会议总结

（PPT 分享一组图文资料“职业是什么”）

师：现在进行职业启蒙，并不是要孩子立即确定自己的职业方向，也不是培养孩子的职业技能。通过对职业的认知和探索，孩子初步意识到学习与职业的关系，学会从自身和他人的角度认识自我、分析自我，了解社会的职业分类和职业性质，并能在这个过程中激发好奇心，形成学习内在驱动力，提升收集信息、合作探究、人际交往和问题解决的能力。大人有义务和孩子一起学习、一起成长，教给他们基本的生活技能，带领他们提升认知，为他们将来走向社会、适应社会发展、获得生活和事业的成功奠定基础。

会议延展

（1）组织班级职业体验、考察活动。

（2）组织班级义卖活动。

（3）学生进行“十大热门行业”调查结果汇报。

[广东省深圳市南山外国语学校（集团）科华学校　徐静]

14. 中途接班：走沟通之桥，跨成长之河

背景分析

老师和家长因为孩子而相遇相聚，双方都有一个共同的愿望：教育好孩子，为孩子的发展做出自己的努力。双方的出发点都是为了孩子，可是在现实中，双方往往又会因为孩子的问题产生误会甚至矛盾。为什么会出现这样的情况呢？大多是因为彼此沟通不畅。这样的问题该如何避免？老师和家长之间怎样沟通、配合、协调，才能更有助于孩子的成长呢？让我们以今天的家长会为契机，一起来寻找答案。

本次家长会参与对象是四年级学生家长，时间是四年级上学期期末。

会议目标

目标	家长	学生
知识层面	了解和老师沟通的方法。	知道如何表达自己所遇到的问题才能有利于更好地解决问题。
能力层面	家长遇到问题时，能及时、冷静地和老师、孩子沟通，有效解决问题。	清楚、完整、客观地表达问题。
态度层面	避免出现推卸责任的态度，愿意正视问题，解决问题。	敢于面对问题，勇于担当。

会议准备

1. 材料准备

准备两个线团、课件。

2. 环境准备

教室打扫干净，桌椅摆放整齐。

3. 其他准备

准备“情景展示”的内容。

会议过程

师：现代社会中沟通至关重要，良好的沟通能给我们的工作和生活带来意想不到的收获。今天，我们利用家长会的机会，一起修筑一座牢固的沟通之桥，助力孩子快乐成长。

第一环节　了解“沟通桥”

1. 展示情景：为什么“我”不能给老师打电话

师：首先请大家看一个情景展示：为什么“我”不能给老师打电话？

学校要举行秋游活动，学生自愿参加，五个家委会成员负责组织协调。全班只有杜晨同学没有参加。这时家委打电话联系老师。

家委：老师！杜晨妈妈说，杜晨不参加本次秋游活动。

老师：可以，我们的活动本来就是自愿的。

五分钟后，家委再次联系老师。

家委：老师！杜晨妈妈说，她要亲自给您打电话说说杜晨不参加秋游的原因。

老师：没事儿，她给我打不打电话都行，我知道了，孩子不想参加是可以不参加的。

家委：是的，刚才我也跟她说了可以不参加，但杜晨妈妈非要给您打电话。

老师：可以的，她可以给我打电话。

通话刚刚结束，老师寻思，要不要主动打电话给杜晨妈妈。这时，老师的手机响起，是杜晨妈妈打来的。

杜晨妈妈：老师，我为什么不能给你打电话？刚才家委跟我说，老师很忙，我不能给老师打电话。

老师：不是不让你打电话，我跟家委说我已经知道了孩子不想去秋游，不是你不能给我打电话，是我已经知道这件事了，不需要您再给我打电话说明了。

老师正说着，家长打断了老师的话，彼此的交流都有了些情绪。

现场采访：看到这件事，您有什么想说的？

预设：

（1）有家长觉得杜晨妈妈不够冷静，没有跟老师好好沟通。

（2）有家长觉得家委会成员传话时没有传好，让家长对老师产生了误会。

（3）有家长说遇到问题时，家长和老师之间要好好沟通，说出本心，避免误会。

师小结：家长朋友们，在这个故事中，家长和老师都在为对方着想。老师已经知道了情况，不需要家长再次解释，也允许孩子不参加秋游，所以觉得不用打电话。可是家长想亲自跟老师解释原因，她担心家委会成员说不到位，也担心因为自己的孩子不参加集体活动老师会对孩子有偏见，家委会成员越说不用给老师打电话，她越想打电话，于是误会就产生了。为什么家长和老师会出现这样的误会呢？因为彼此不了解，老师和家长缺少共识。缺少哪些共识呢？请先看下面的故事。

2. 品味故事：孔子质问颜回

师:《吕氏春秋》里有一段孔子的故事：孔子周游列国，兵荒马乱，旅途困顿，三餐以野菜果腹，大家已好几日没吃下一粒米饭。一天，颜回好不容易要到一些白米煮饭。饭快煮熟时，孔子看到颜回掀起锅盖，抓些白米饭往嘴里塞。孔子当时装作没看见，也不去责问。饭煮好后，颜回请孔子进食，孔子假装若有所思地说："我刚才梦到祖先来找我，我想把干净的、还没人吃过的米饭先拿来祭祖先。"颜回顿时慌张起来，说："不可以的，这锅饭我已先吃一口了，不可以祭祖先了。"孔子问："为什么？"颜回涨红了脸，嗫嚅着，说："刚才在煮饭时，不小心掉了些灰在锅里，染灰的白米饭丢了太可惜，我只好抓起来先吃了，我不是故意先吃的。"

现场采访： 看了这个故事，您有什么感悟？

预设：

（1）有家长说人和人之间难免会产生误会。

（2）有家长说孔子是圣人，圣人也会出现误会他人的情况，我们在生活中遇到问题更要冷静想一想，不要盲目自信，觉得自己的认知一定是对的。

师小结： 是呀，即使是圣人孔子亲眼看到的情景，也不是事实的全部真相，还好他们进行了沟通和对话，最终孔子明白了颜回只是不想浪费那落上灰的一点点米饭，所以才会快速抓起塞到嘴里。我们常说"眼见为实"，但也许我们看到的是现象，不是真相。如果沟通不到位，或许这件事会造成孔子对颜回不该有的误会。圣人尚且如此，我们在相处中更要注重沟通，避免误会。

过渡： 家长朋友们，从刚才我们了解的这些内容中不难发现，家长和老师相处过程中出现问题往往是因为沟通不畅。如何让彼此的沟通更顺畅呢？让我们进入第二个环节，一起搭建"沟通桥"。

设计意图 以生活中常常出现的问题和矛盾导入，紧接着出示孔子的故事，告诉家长，圣人尚且会出现误会，何况我们普通人。由此，引发家长思考，引出接下来讨论的内容：我们怎样才能避免类似问题的出现呢？

第二环节　搭建“沟通桥”

师：家长朋友们，我们班有几十个孩子。每天，孩子们之间会发生很多事情。遇到问题了，家长和老师怎样沟通，才更有利于解决问题、助力孩子成长呢？请看下面两个情景。

1. 润滑剂：及时反馈

情景一：

家长：老师您好，我是李龙的妈妈。李龙的同桌上个星期拿李龙的铅笔不还，这个星期又拿尺子，平时还经常拿我儿子的折纸玩。老师，这同桌怎么能这样呢，我实在忍无可忍。昨天，我给对方家长打电话，他家长竟然说他孩子从来没拿过我家孩子的尺子。

老师：李龙妈妈，还有这样的事？您不说，我还真不知道，孩子在学校也没跟我说，明天到学校我问问情况。

家长：以前觉得同学之间不要太计较，可是现在，他一而再再而三，我实在忍无可忍，只好找他家长了。

情景二：

家长：老师您好！我是王蒙的妈妈，昨天放学我接到儿子，儿子跟我说同桌拿走了他的尺子。事情的经过是这样的：上数学课时，我儿子发现尺子不见了，这时，他发现同桌桌子上有一把尺子和他的一模一样。下课后，我儿子跟同桌说这把尺子是自己的，可同桌却说是他的。明天请老师到学校以后，了解一下情况好吗？

老师：家长您好，明天到学校我了解情况以后，及时跟您反馈。

第二天，老师经过调查访问、多方取证后，判定，这把尺子的确是王蒙的。于是，班主任老师及时把处理过程和结果反馈给了王蒙的妈妈。

现场采访：

（1）我想对李龙妈妈说：____________________

（2）我想对王蒙妈妈说：____________________

（3）两个故事的共同点是什么？不同点是什么？

（4）导致两个故事结果不同的核心点是什么？

师小结：在大家的讨论中我们发现，两个故事开始很相似，结果却截然不同，主要是因为李龙在学校出现问题时，孩子或妈妈没有及时和老师沟通，而是直接联系对方家长，这就很容易造成家长之间的矛盾，也影响家长和老师之间的关系。王蒙家长的处理显然更合适。因此，我们要告诉孩子，如果在学校发生问题，及时向老师反映。如果家长发现问题，也要及时和老师沟通。如何跟老师沟通呢？下面给大家介绍沟通的方法。

2. 灭火器：冷静陈述

小活动：拆线团。老师准备两个混乱的线团，请两位家长到讲台上把线团拆开、捋顺。

预设：

（1）A 家长采用简单鲁莽、生拉硬拽的方法拆，可是越拉越拆不开。A 家长谈感受："我很想把线团拆开，可是越急越拆不开，越用力越拆不开，反而让线团打出更多死结。"

（2）B 家长采用冷静沉稳、追根溯源的方法拆，很快找到了窍门和途径。B 家长谈感受："我拿到线团以后，先仔细观察，冷静思考，找到最混乱的部位，顺着其中一条线慢慢拆，轻轻用力，拆开一处再用同样的方法小心翼翼地拆另一处，最后，全部拆开了。"

（3）其他家长谈感受。

师小结：在刚才这个活动中，我们不难发现，面对混乱的线团，越是急躁、使劲扯，越是拆不开。静下来，先找方法，再去拆，就容易拆开。家长朋友们，老师和家长之间的关系也是如此。当孩子在学校出现问题时，作为家长，我们首先要选择冷静的方式和老师沟通，这样才有利于问题的解决。

家长冷静的沟通方式也是对孩子最好的身教，是在给孩子示范解决问题的最佳方式。双方充分沟通时，就形成了强大的教育合力，“沟通桥”就会搭建得更牢固。

师： 所以，如果想要更好地形成强大的教育合力，就需要彼此给对方足够的信任。家长和老师互相信任会带给彼此怎样的感受呢？我们一起来体验下面的小游戏。

3. 牵引绳：汇聚力量

小游戏：同心圆。

游戏规则

请六位家长围成一个圆，另外请一名家长站在圆心里，眼睛蒙上。在游戏过程中，站在圆心里的家长可以朝任意一个方向倒下，圆心处的家长倒向哪位家长，哪位家长负责牢牢接住，然后把这名家长轻轻地推向另外一个方向，由对应方向的家长接住圆心处的家长。

师： 做圆心家长时，你担心什么？你心里又在想什么？

预设： 圆心家长说：“最担心的是如果我倒下了，对方没有接住我，岂不是会受伤？但是我又想，游戏之前，老师已经讲清楚了游戏规则，他一定会接住我的，于是我就放心地倒下。我敢于倒下了，心里的担心和恐惧就减少了很多，我们之间的合作也就越默契。”

师： 做非圆心家长时，你担心什么？你心里又在想什么？

预设： 非圆心家长说：“我站在那里，死死地盯着圆心家长，总想着他会倒向我的方向，我要提前做好准备，我一定要接住圆心家长，不让他倒在地上受伤。”

过渡： 在游戏过程中，无论是圆心家长还是非圆心家长，都有共同的体验：相信对方是自己最好的合作伙伴，给予对方信任，迈开信任的脚步奔赴彼此，信任感越强，彼此的合作越顺畅圆满。这种信任的力量就像一根绳子，牵引着彼此心里的距离越走越近。这个游戏的启示同样适用于家校之间的合作，家长给予老师信任，能给老师更大的工作空间，能给老师更多自主权，能给老师带来更大的工作动力。老师给予家长信任，能推动家庭教育有效开展，也能给家长带去更大积极性。

设计意图 这个环节主要是如何避免家长和老师之间产生误会。解决的方法有三个，“情景对比”让家长感受到哪种做法能避免矛盾的出现；“拆线团”的小游戏让家长明白，即使出现了问题，也要学会冷静地表达；“同心圆”的游戏，让家长感受到彼此信任，心往一处想，劲儿往一处使，才能创造“奇迹”，同理，家长和教师携手，孩子更幸福！

第三环节　善用“沟通桥”

第一环节的情景延续：“当愤怒遇上冷静”。

老师：杜晨妈妈！您说完了吧？

家长：我说完了。

老师：杜晨妈妈！我跟家委说您的孩子可以不去秋游，不“用”跟我解释，而不是不“能”给我打电话。我们也是想着您很忙，不再劳烦您特意打电话了，无论您的孩子去不去秋游，都不影响我对孩子的看法。

当老师说到这里时，杜晨妈妈又打断了老师的话。

家长：家委还跟我说您很忙，不要让我打电话打扰您，我就想：就算老师忙，老师有时间接家委的电话就没有时间接我的电话吗？

老师静静地听家长说，直到家长不说为止。

老师：杜晨妈妈！我们两个约定好，您说话的时候我不打断，我说话的时候您也不要打断，好吗？

家长：好的。

老师：杜晨妈妈！非常感谢您打来这个电话，给了我们一次沟通的机会。不是我没时间接您的电话，而是我不想再麻烦您。今天您不打来电话，也许会在您的心里埋下对老师不满的种子。今天在电话里我们发现彼此都是为对方好，您希望跟我解释，让我不要因为孩子没参加秋游而对您的孩子有误会。我原本不想让您打电话，是因为我本来对孩子就没有任何偏见，相反我一直很喜欢杜晨这个孩子，他虽然成绩不是很好，但是听话又努力。

家长：老师！是啊，我就是想跟您直接对话，这样我们好把话说清楚，避免误会。听您这么一说，我们沟通就通畅了，彼此不会有误会了。老师，正像您说的，您很喜欢我家孩子，孩子也很喜欢您。

师：亲爱的家长朋友们，看了刚才这个情景，我们不难总结出：有效、得当的沟通可以使师生关系和谐。即使出现问题，采取今天家长会跟大家分享的方法去处理，也更容易解决。

设计意图

"当愤怒遇上冷静"这个故事，是第一环节"为什么'我'不能给老师打电话"故事的延续，在这里讲述这个故事，既是把开始的故事讲完整，也是给家长呈现方法：当遇到问题时，如果能冷静处理，就能把问题顺利解决。

会议总结

亲爱的家长朋友们，伸出我们的双手，一手是冷静，一手是信任，我们把握好"冷静"和"信任"这两个关键词，就能走稳沟通之桥，跨过成长之河。愿我们的沟通是愉悦的，我们的相处是美好的。真心期待彼此的陪伴成为我们人生路上一段最美的风景！

会议延展

1. 搜集家长感受

以自己方便的方式（如问卷、小程序）搜集本次会议家长的感受和收获。

（1）本次家长会您感悟最深的点是什么？

（2）您觉得自己以前哪些做法还需要改进？

（3）您对老师和家长的沟通还有什么好的建议？

2. 搜集案例

搜集整理充分运用本次家长会的方法进行沟通成功的案例，分享给大家。

3. 评选

学期结束评选优秀家长。

（河南省开封市理事厅街小学　郭俊美）

15. 提质阅读：

高效阅读，“质”地有声

背景分析

《义务教育语文课程标准（2022 年版）》总目标中指出学生要“学会运用多种阅读方法，具有独立阅读能力”；学段要求中要求第二学段（三至四年级）的学生阅读整本书，课外阅读总量不少于 40 万字。进入小学中高年级后，孩子对阅读内容、阅读能力也有了更高要求。实施“双减”政策后，孩子有了更多属于自己的时间，是进行大量课外阅读的契机。家长需要了解阅读要求，掌握合适的方法帮助孩子积累整本书阅读经验，养成良好阅读习惯，提高整体认知能力，丰富精神世界。

本次家长会参与对象是四年级全体学生家长，时间是四年级上学期 9 月份。

会议目标

目标	家长	学生
知识层面	熟悉现阶段的阅读要求和内容，了解孩子在阅读时的困难。	认识到阅读要主动与书本进行连接，在读中思，在思中做。

续表

目标	家长	学生
能力层面	能够帮助孩子规划阅读时间和内容；通过问、聊、做等方式给予孩子一定的阅读指导，提升孩子阅读能力。	合理安排阅读时间和内容；能在家长的指导下制订阅读计划，提升阅读的总结归纳和创作能力。
态度层面	重视孩子良好阅读习惯的培养，愿意主动、耐心地陪伴孩子阅读。	改变原有不好的阅读习惯，愿意做一个主动的阅读者。

会议准备

1. 材料准备

（1）提前收集家长和孩子在阅读方面遇到的问题。

（2）评选出“书香家庭”，准备奖状，并邀请个别家长准备发言。

（3）制作展示“阅读之星”作品的视频。

2. 环境准备

以“书香教室”为主题布置教室。

3. 其他准备

教师提前阅读《如何阅读一本书》《阅读的力量》《我的阅读观》等图书，也可以提前推荐给家长阅读。

会议过程

师：家长朋友们，你们好，欢迎参加这次家长会！为了迎接大家的到来，孩子们精心布置了教室。（教室里贴有与阅读有关的名人名言，展示了学生的阅读手抄报，贴着“阅读之星”照片。）今天就让我们在书香四溢的教室里，聊聊怎样让孩子更有效地阅读。（PPT 出示家长会主题：高效阅读，“质”地有声。）

第一环节　最是书香能致远

1. 一纸成书

师：首先请大家拿起桌上的一张白纸，跟我一起做一本“书”。（教师示范或播放视频，用一张纸折一本“书”。）请大家在这本“书”的“封面”写上我们这次家长会的主题。翻开这本“书”，“目录页”可以参照PPT各个环节标题写上相关内容，大家可以在家长会过程中在内容页上做记录，最后我们带着这本在家长会上制作的“书”回去，时常学习。

2. 课标指路

师：《义务教育语文课程标准（2022年版）》对各学段的阅读量做了要求。大家可以看到，中年级段的阅读量比低年级段高出数倍。如果在小学三年级之前还没有培养出阅读兴趣和阅读技能，之后会出现“富者愈富，贫者愈贫”的现象，同时影响到其他学科能力的发展。

（PPT出示）

《义务教育语文课程标准（2022年版）》对各学段的具体阅读总量要求：

一至二年级：课外阅读总量不少于5万字；

三至四年级：课外阅读总量不少于40万字；

五至六年级：课外阅读总量不少于100万字。

师：国际阅读素养进展研究项目认为：9岁左右的学生是阅读发展的关键期。在此之前是“学习阅读”，之后则要“通过阅读来学习”。

过渡：根据《义务教育语文课程标准（2022年版）》的要求，我们必须高度重视三、四年级这一培养阅读能力的敏感期、窗口期，通过大量、高效的整本书阅读，帮助孩子顺利度过阅读成长的关键期。

设计意图 家长会开场做一本“书”，提升了家长的兴趣，烘托了家长会的阅读主题。“书”中记录的内容家长还可以在会后翻阅、学习。教师结合语文新课标中对学生阅读的要求，阐明现阶段是学生阅读成长的关键期，引起家长对学生阅读能力提升的重视。

第二环节 “低效阅读”有点烦

1. 家长“四忧”

师： 家长会前，我向家长们了解了孩子们在自主阅读时存在的问题，经过整理，我发现有四类问题比较突出。

（PPT 出示）

孩子不看跟学习有关的书，就爱看“闲书”。

孩子读书很快，读后却一问三不知。

孩子读书不主动，总要家长催。

孩子读书不少，作文还是写不好。

2. 孩子“四难”

师： 阅读的主体是孩子，怎样读书呢？读书的收获如何？面对家长的这些烦恼，孩子是怎么看的呢？我们一起来听听孩子的心声。

（PPT 出示）

我喜欢看漫画书，特别有意思，但家长不让看。

我喜欢看有趣的故事情节，拿到一本好看的书恨不得一口气就读完。

我不喜欢读书，没意思，我喜欢玩手机。

老师让我读的书我都读了，但是写作文就是写不出来。

3. 教师“解惑”

师： 随着新课改的不断推进，无论是在政策层面，还是社会要求层面，阅读都被提到了一个很高的地位，因此也催生了很多家长和孩子对阅读的焦虑。我认为培养孩子阅读习惯是必需的，但不是为考试而读书，为焦虑而读书。孩子应在阅读中体会、获得快乐，从而一辈子都跟书建立起良好的关系，一辈子都获得好书的滋养，让精神富足。

过渡：针对在课外阅读中家长的烦恼和学生的困惑，这次家长会上我给大家一些提高阅读质量的建议。

设计意图 出示家长和孩子在阅读中出现的问题，引起家长思考。教师定位阅读的目的，降低家长对学生阅读的焦虑，为接下来指导家长帮助学生阅读做好铺垫。

第三环节　因时因地巧阅读

1. 读什么，连连看

师：孩子的健康成长需要全面而充足的营养，吃什么才健康，家长们都了解。我们常将书称为“精神食粮”，作家郝明义在《越读者》一书中，根据饮食分类，提出了饮食阅读——主食阅读、美食阅读、果蔬阅读、甜点阅读。接下来，家长们连连看吧！

（PPT 出示）

 主食	工具书
 美食	娱乐性书
 果蔬	教科书
 甜点	文学类、艺术类、历史类等图书

师： 连线后大家再根据不同食物的食用方法，说说该怎样去读这些书呢？

家长各抒己见，教师引导。

预设： 不同种类的书都要读一读，知识才全面；“主食”一定要按时、足量，要吃饱；“美食”不可少，除了增加营养，还能给人带来幸福感，但不能过量，质很重要；“果蔬”也很重要，要会用、常用；“甜点”不能常吃，过量有害健康。

2. 怎么读，选一选

师： 书随时可以读，如果能在不同的时段使用恰当的方式读，能起到事半功倍的效果。现阶段孩子们常用的读书方式有两种：默读和朗读。默读就是不出声，有速度要求，利于边读边思考；朗读可以大声读，也可以小声读，利于专注、记忆。家长们可以结合刚才咱们讲的各类食物与书本的联系，根据不同的时间和阅读内容谈一谈不同的阅读方式。

预设： 早上要吃营养丰富的主食，以读教科书为主，可以大声读、诵读；可随时补充零食，读杂志和喜欢的书，可以默读、速读；晚上饮食要少而精，读知识拓展类书，以默读为主。

教师在与家长的交流互动中，完成下表。

（PPT 出示）

时段	方式	内容
宵寝晨兴——早晨	大声读、诵读	教科书、古诗词
信手拈来——随时	默读、快读	喜欢的书、杂志
温故知新——复习	小声读、大声读、默读	教科书
沉心静气——睡前	默读	知识拓展类书

过渡： 让孩子“多读书，读好书”到“好读书”还需要家长的助力。

设计意图

把书本与食物联系起来，寻找二者的相似之处，既能引起家长的参与兴趣，又有利于家长思考和记忆。家长在和教师的互动中掌握读什么和怎么读的问题。

第四环节　读思结合收获大

1. 教你四招，高效读

第一招：问一问，思考阅读所得。

师：（PPT 出示碗筷图片）大家看，这是我们吃饭时用的碗筷，我们通常用碗盛饭，用筷子夹食物，然后送到嘴里。这跟我们今天讨论的阅读有什么关系呢？

师：我们平时要求孩子读书时尽可能多地把书中的知识内容吸收掉，但是这样一味地往碗里倒，过程索然无味，缺乏必要的思考，往往会消化不良。如果能够用筷子根据需要有所选择，还能和书里的知识进行互动，那么过程会有趣得多，收获也更大。今天我就送给家长们一双筷子，一根是“问书本”，一根叫“问自己”。家长在孩子拿起书本阅读前，告诉孩子带着表中的这些问题边读边思考、明确目标，帮助孩子成为有主动性的阅读者。

（PPT 出示）

问书本	问自己
这是一本讲什么的书？	我为什么想读这本书？
这本书哪些内容特别精彩？	这本书的内容是我想要的吗？
这本书说得有道理吗？全部有道理，还是部分有道理？	我需要获得哪些信息？
这本书跟我有什么关系？	我可以把从书中读到的知识运用到哪些方面？

第二招：聊一聊，了解阅读内容。

师：孩子读完一本书，想知道他书读得怎么样，你会怎么跟他聊呢？问得浅，就不能够了解孩子的阅读质量；问得深，孩子会不耐烦，久而久之，不愿跟家长沟通。我给大家几个“聊书”小贴士。

（PPT 出示）

贴士一：书里	聊内容	六“何”法：何时、何地、何人、何事、何因、何果。
贴士二：书外	聊作者	• 这本书的作者是谁？他还写过其他什么作品？ • 作者为什么会写这本书？
	聊角色、情节	• 你身边有没有书中这样的人？ • 你经历过或看见过书中这样的事吗？
	聊这本书	• 你有没有看过类似的书？ • 这本书还可以怎么写？

师：家长用“聊书”的方式和孩子交流读过的书，是一个相互学习的过程。家长不仅能对书中的内容有较为全面的了解，也能够知道孩子阅读之后到底收获了多少，还能引发孩子思考。

第三招：画一画，享受创作的乐趣。

师：绘画是小学生喜爱的表达方式。不做技巧上的要求，信手涂鸦，是很快乐的事。家长可千万别斥责孩子乱涂乱画，因为根据文字想象画面，是很重要的阅读能力。（PPT 出示孩子的绘画作品）

师：你们看，这些有趣好玩的画作就是孩子们阅读后的作品。这是孩子们画的“水浒人物图谱”，人物的相貌、神态、服饰、动作，都来自书中的描写，有的还加上了孩子自己的想象。所以，在孩子语言表达能力有限的情况下，绘画是孩子的一种表达方式。我们还可以制作一件四格漫画作品。每个格子代表故事发展的一个部分，让孩子从故事中挑选最具代表性、最精彩的情节呈现。（PPT 出示《父与子》图片）这样，孩子就会边读文字边像放电影一样在脑海里浮现一连串画面，然后通过绘画把书中精彩有趣的情节再现出来。这是一种很有趣的阅读方法哦！今天回家就和孩子试一试吧！

第四招：做一做，留下阅读的痕迹。

师：孩子阅读之后，总得留下点什么。这一点点思想之光，汇聚起来，就能成为闪亮的星星。繁星汇聚，终成为一道风景。

展示班级“阅读之星”的阅读作品。

师：家长可以和孩子尝试以下做法：

（PPT 出示）

（1）阅读计划表：这个学期读多少本书？每本书什么时候能读完？会不会半途而废？不妨做个阅读计划表，对阅读内容做点规划，每天读一点就记录一点，这样既可以看到每天的阅读印记，又能养成阅读习惯。

（2）阅读护照：仿照护照的样式，制作一本“阅读护照”。准备一张世界地图，每读完一本书就在地图上标注出书中的地区，然后在护照上留下相关信息。

（3）阅读单：记录每本书的阅读收获，装订成册，随时翻阅。

（4）阅读创作集：经常写读后感、续写故事、新编故事，装订成册，写一本自己的书。

过渡：这四个妙招可以让家长充分地参与到孩子的阅读中去，帮助孩子提高阅读质量。除此之外，家长还要尽可能地为孩子创造良好的阅读环境，帮助孩子养成自主阅读的习惯。

2. 营造氛围轻松读

（1）“书香家庭”颁奖。

师：我们班一直大力推广学生阅读，从每学期的好书推荐，到每周班级读书会，再到每月的“阅读之星”评选，让每个孩子都与好书为友，在书中获得精神滋养。我们班有一些孩子已经养成良好的阅读习惯，他们博览群书、知识丰富，而这些孩子背后都有支持他们阅读的父母。现在我们要给“书香家庭”颁奖。

音乐响起，“书香家庭”代表登台，班主任颁奖。

（2）妙招分享。

师：（PPT 出示）诗人史斯克兰·吉利兰说：“你或许拥有无数的财富，

一箱箱的珠宝与一柜柜的黄金。但你永远不会比我富有——我有一位读书给我听的妈妈。”家长能够陪伴孩子读书，就是给了孩子一份丰厚的精神财富，远胜过那些闪耀的珠宝与黄金。“书香家庭”的爸爸妈妈们给我们做了榜样。接下来请他们分享怎样营造“书香家庭”氛围，陪孩子好好读书。（事先做好沟通，做到从不同方面发言。）

预设：

阅读环境：家里有孩子专门读书的地方，有舒适的桌椅、书架，环境安静，光线充足。

阅读时间：每天有固定的时间读书，在这个时间段里阅读不被其他事情打扰。

阅读场所：每周陪孩子逛书店，去图书馆。

阅读陪伴：跟孩子一起读书，孩子读书时家长不打扰、不做其他事。

阅读沟通：经常跟孩子交流书中的内容，耐心听孩子讲述。

过渡：听了“书香家庭”的爸爸妈妈们的发言，我再次深深感受到一个有书香味的孩子是环境熏陶出来的，是陪伴出来的。希望他们的分享能给大家一点启发，让亲子阅读成为孩子童年最温暖的回忆。

设计意图 重视孩子阅读，想方设法陪伴孩子阅读的家庭能培养出腹有诗书气自华的孩子。“书香家庭”的分享内容有一个核心思想：把阅读与美好的事物连接，与家人连接，让阅读成为孩子成长中最美好的记忆。

第五环节　同伴共读欢乐多

师：大家都知道“一个人走得快，一群人走得远”，在孩子阅读的路上找到同行者，大家应相互鼓励、相互学习，形成一个温暖的教育场。让我们共同努力，打造“书香班级”。

教师出示组建班级亲子阅读小组征集令：

班级亲子阅读小组征集令

报名对象：四（1）班全体同学、家长。

报名要求：热爱阅读、家庭阅读氛围浓厚、乐于分享。

活动内容：

1. 以家庭为单位，10个家庭为一组。

2. 小组成员共读、自读相结合，互相鼓励，答疑解惑。

3. 每周在组内开展一次读书交流活动，家长要参与引导。

4. 领衔班级阅读推广活动，承担班级读书会的策划和主持工作。

5. 定期开展有益身心健康的主题活动，如户外体验、公益活动、社会实践等。

报名方法：会后联系家委会委员。

截止日期：2023年4月15日。

设计意图

孩子阅读习惯的养成还需要同伴的助力。组建班级亲子阅读小组，创造阅读氛围，让学生在小组中交流分享阅读收获，小组成员相互学习、相互促进。阅读活动和主题活动的开展能促进友谊，让学生在团队中获得滋养和浸润。

会议总结

朱永新说："一个人的精神发育史就是他的阅读史。"我们都希望孩子能从书中获得精神养料，我希望家长们在孩子成长的路上，用书籍为孩子护航，陪着孩子点亮知识海洋中一座又一座灯塔。你和孩子共同走过的阅读之路，必将是一路书香、一路风景，这也会成为孩子生命中最温暖的时光。

会议延伸

1. 组建班级亲子阅读小组

和家长一起制定小组活动方案和管理制度。教师引领班级亲子阅读小组的成长，推进班级读书活动的开展，打造书香班级。

2. 班级开展书塔挑战、为爱朗读 21 天等读书活动

（1）书塔挑战。把读过的书罗列出来，把书名写在与书的厚度相同的纸条上，依次贴在墙上或者门上，好像把读过的每本书都叠起来一样。可以定期让孩子跟所读的书比身高，看看什么时候会“阅读等身”。

（2）为爱朗读 21 天。做一个 21 天的阅读打卡活动。坚持每天给孩子读书半小时，孩子把每天阅读的内容和简短的感受记下来，家长拍照后把孩子的生活照片和阅读内容拼成一张图，发到群里打卡。能坚持 21 天的家庭，班级颁发“书香家庭”奖状。

（安徽省合肥市双岗小学　朱丽丽）

16. 责任担当：责任养成，用好“三板斧”

背景分析

2016 年 9 月 13 日，《中国学生发展核心素养》发布，其内容框架中“责任担当”被纳入学生核心素养。新时代呼唤有责任、有担当的好少年，新使命需要有责任、有担当的少年去承担。部分四年级学生存在自我责任意识弱化、家庭责任意识淡薄、集体责任意识不足、社会责任意识缺乏等现象。当然，这并不意味着所有四年级学生都缺乏责任感。但是，总体来说，四年级学生的责任感需要进一步培养和引导。家庭作为孩子成长的主阵地，有必要与学校合作，对孩子进行责任教育。

本次家长会参与对象是四年级学生家长，时间是四年级下学期。

会议目标

目标	家长	学生
知识层面	认识到培养孩子责任感的重要性，明确孩子是责任主体，知道从哪些方面培养孩子的责任意识。	理解责任的含义，认识到履行责任的重要性，知道自己需要承担的责任。

续表

目标	家长	学生
能力层面	能为孩子做好榜样示范，能与孩子一起制定明确的家规，并能在家规的实施中培养孩子的责任意识。	能与父母一起制定明确的家规，能对自己应做的事承担责任。
态度层面	树立正确的责任观念，并愿意在生活中通过一言一行来培养孩子的责任感。	产生强烈的主体意识、独立意识，愿意主动履行自己需要承担的责任。

会议准备

1. 材料准备

（1）家规搜集：有家规的家庭，自行打印家规，也可将电子版发给教师，由教师帮忙打印。

（2）教师提前收集参加家长会的成员名单，备游戏环节使用。

（3）制作班级视频《少年中国说》。

（4）制作家长会 PPT。

2. 环境准备

课桌摆成六人小组形式。

3. 其他准备

（1）对学生开展家规情况调查。

（2）对父母开展孩子责任感问卷调查。

孩子责任感调查问卷

亲爱的家长，您是否曾经思考过，孩子在成长过程中，需要承担什么责任？能否积极承担起他们的责任？为了更好地了解孩子在家庭、学校以及社会中的履责情况，我们特别设计了一份孩子责任感调查问卷。请您在回答问题的过程中，客观地评估您孩子的行为。

1. 在家中，您的孩子是否会主动承担一些日常家务，如打扫房间、洗碗、整理床铺等？

A. 经常如此　　B. 有时如此　　C. 从不如此

2. 当家中有客人来访时，您的孩子是否会主动承担接待客人的任务，如开门、介绍自己、提供饮料等？

A. 经常如此　　B. 有时如此　　C. 从不如此

3. 在学习中，您的孩子是否会按时完成作业，并尽自己最大的努力取得好成绩？

A. 经常如此　　B. 有时如此　　C. 从不如此

4. 当朋友或同学需要帮助时，您的孩子是否会主动提供帮助，如借东西、解答问题、陪伴等？

A. 经常如此　　B. 有时如此　　C. 从不如此

5. 在公共场所，您的孩子是否会遵守规则和礼仪，如排队等待、让座、保持安静等？

A. 经常如此　　B. 有时如此　　C. 从不如此

6. 当犯了错误时，您的孩子是否会承认并道歉，而不是逃避责任？

A. 经常如此　　B. 有时如此　　C. 从不如此

7. 您的孩子是否会承担自己的行为后果，而不是把责任推给别人？

A. 经常如此　　B. 有时如此　　C. 从不如此

8. 与伙伴合作时，您的孩子是否会积极参与并尽力做出贡献，而不是袖手旁观？

A. 经常如此　　B. 有时如此　　C. 从不如此

9. 您的孩子是否会尊重他人财产和权利，不擅自拿走或使用他人东西？

A. 经常如此　　B 有时如此　　C. 从不如此

10. 您的孩子是否参加过公益活动，比如慈善捐赠、志愿服务、社区服务、环保活动、公益宣传等？

A. 经常如此　　B. 有时如此　　C. 从不如此

会议过程

播放班级视频《少年中国说》，视频内容为班级孩子履行责任时的活动照片。

师：少年智则国智，少年富则国富，少年强则国强……中国少年和少年中国息息相关。所以，梁启超先生说："故今日之责任，不在他人，而全在我少年。"一个从小就懂得承担责任的孩子，长大后才能够更好地适应社会和生活，成为有用之才，成为能承担责任的中国少年。少年的责任感从哪儿来？从父母师长的养育中来。这次家长会，我们就来聊聊孩子的责任感。（PPT 出示家长会主题：责任养成，用好"三板斧"。）

设计意图

以梁启超先生的"故今日之责任，不在他人，而全在我少年"引出"责任"话题，意在使家长明白：少年的责任感和担当精神对于国家和社会的发展至关重要。只有具备责任品格的少年才能在未来发挥自己的潜力，为国家和社会做出贡献，实现个人价值和社会价值的统一。

第一环节　观看动画，责任主体要分明

师：培养孩子的责任感，第一板斧是什么？让我们在一段视频中寻找答案吧。

1. 观看视频：《如何避免成为巨婴》

视频内容要点：

不对自己的需求承担起责任，你就无法拥有自由。每一种自由，都伴随着一定的责任。对自己的需求负责，才能变得有能力；有能力，才会更独立；能独立，才有反抗的能力；有反抗的能力，才是真正的自由。变得有能力的唯一途径，是通过承担个人责任，来满足自己的需求。

师：无责任，不自由；无责任，不成长。6 分多钟的视频，让我们看到

了从小不用承担责任和从小承担个人责任的孩子截然不同的一生。对孩子保护过度、控制过度，不给孩子动手的机会，不让他为自己的需求负责，他就永远无法摆脱对父母的依赖、对他人的依赖。培养一个有责任感的孩子，就是要让孩子意识到自己的主体地位，给他承担个人责任的机会，给他承担做事后果的机会，给他发展自己能力的机会。

2. 话题讨论：责任现状要知道

（PPT 出示话题）

1. 在生活中，您有包办孩子生活的现象吗？
2. 您认为，培养孩子的责任感，最重要的是什么？

预设：

（1）我得承认，孩子首先是一个独立的人，然后才是我的孩子。责任意识不是说有就有的，一定要从小培养。

（2）说起来很惭愧，我家孩子都四年级了，还不会系鞋带。平常在家里都是他奶奶帮他系鞋带。作为孩子的父母，我们是有责任的。系鞋带是孩子自己的事，得由他自己来完成。

（3）让孩子从小就承担一些家庭责任，如做家务、照顾弟弟妹妹等，这将有助于他们学会承担责任。

过渡：正确的认知，是培养孩子责任感的第一步。作为父母，要培养孩子的责任感，我们还能做些什么？让我们从游戏中寻找答案吧。

设计意图

一手包办、控制过度的育儿模式，导致孩子作为责任主体的权利被剥夺，轻则影响亲子关系，重则会让孩子缺乏独立性、自主性和责任感。视频观看和话题讨论，意在让家长反思自己的育儿模式是否存在这样的情况，从而使家长端正育儿观念，帮助孩子发展独立性和责任感，培养自主性和自我管理能力，为孩子的成长和发展提供良好的环境。

第二环节　游戏体验，榜样示范是关键

1. 宣布游戏名字和规则

你演我猜

表演内容：读书、吵架、乱扔垃圾、扫地、给家人倒水、开车接打电话、开车礼让行人、植树。

游戏规则：每次两位家长参与游戏。首先用点名软件选定两位参与人员。然后一位家长随机选取需要表演的内容（选取后，表演内容出现在屏幕上），并根据表演内容进行表演（只允许采用肢体表演），另一位家长背对屏幕站定，根据对面家长表演的动作进行模仿表演，并说出表演的内容（大致意思对即可）。如果没有猜出，要为班级志愿服务一次。

教师组织游戏，游戏做完后现场采访家长。

（PPT 出示）

如果您是表演的那个人，模仿的那个人是您的孩子，您有什么感受？

预设：

（1）家长的影响力太大了！做父母的，不能总怪孩子不好，自己也要给孩子做榜样。

（2）家庭氛围很重要。自己是村里国旗队的小号手，自己的大孩子喜欢拉大提琴，小孩子喜欢弹钢琴，这就是给孩子好的引领。

（3）作为父母，我们谨言慎行很有必要。

师：孩子的做事习惯、处事方式，很大程度上复刻了父母的习惯和方式。为人父母，言传和身教同样重要，甚至，身教更重要。

（PPT 出示话题）

父母如何给孩子示范“责任”呢？在前期的问卷调查中，我们的家长了解到了自己在培养孩子责任感方面的优点和不足。接下来，请谈一谈您的想法或者有益的做法。

预设：

（1）我觉得要从勤俭节约、尊敬长辈方面给孩子做好榜样。

（2）我是一个父亲，我在家里会和媳妇一起做家务。我家孩子也愿意承担家务劳动。

（3）在外出行的时候，我教孩子认识交通指示牌，我也会遵守交通法规。

（4）我在工作中取得的成绩会乐于和孩子分享，并告诉他我为之付出的努力。我家孩子在学习中取得的成绩也愿意和我分享。

师：从大家的发言中，我们学到了许多有益的做法。如果父母能时刻以积极的态度、正面的行为引导孩子，那么孩子就会在父母的影响下成长为积极向上、自信、有爱心和有责任感的人。

过渡：培养负责任的孩子，需要父母从心里认识到孩子是活生生的个体，需要父母一言一行给孩子做好榜样，更需要及早规划，担负起每个阶段该承担的责任。家规，就是一个很有效的方法。

设计意图 以游戏的方式呈现，意在使家长认识到言传身教的重要性：父母应该时刻注意自己的言行和态度，尽可能地以积极的方式影响孩子，教给他们正确的价值观和生活方式，这样才能够帮助孩子健康成长。

第三环节　制定家规，责任教育重实践

师：家长会前，我们在班级里进行了关于家规的情况调查。

（PPT 出示）

你们家有家规吗？如果有，请写出给你留下深刻印象的家规（一条或者

几条），并围绕其中一条家规写一件印象深刻的事。

1. 调查反馈：家规印象

（1）调查情况反馈。

（PPT 出示）

参与调查人数	有家规	不清晰	没有家规
45	35	1	9

（2）家规给孩子们留下了什么样的印象呢？

（PPT 出示）

家规故事一：

家规：每天读书半小时，每天玩手机不得超过半小时；花钱时要经过父母同意。

故事：有一次，我玩手机超过了半小时，爸爸让我一周内不得玩手机。

家规故事二：

家规：在家不许说脏话。

故事：在我们家不许说脏话，说了脏话就要接受对应的惩罚，我说了脏话就要把这条规矩抄100遍，不抄完不能吃饭；我妹妹说了就要面壁思过（因为我妹妹不会写字）。

家规故事三：

家规：不能说谎；尊重长辈；家里可随意闹腾，但公共场合要注意形象。违反了家规，轻则打手，中则抄作业，重则蹲马步。

故事：有一次我顶撞了奶奶，爸爸打了我的手。

师：从孩子们分享的家规和家规故事中，我们体会到了孩子的喜怒哀乐，体会到了父母的良苦用心。好的家规，可以引导家庭成员树立正确的价值观和行为准则，增强他们的责任感；可以帮助家庭成员更好地理解责任的重要性；可以促进家庭成员之间相互监督和帮助，增强家庭凝聚力和相互支持的精神。

2. 团队合作，修订家规

（1）问卷分析，责任教育强与弱。

师：好的家规到底要怎么定？我们可以试着把家规与责任养成进行绑定。在家长会举行之前，我们对家长们进行了孩子责任感调查，45 人参与了问卷调查。我们一起来看一下“孩子责任感调查问卷统计”的数据对比情况。

（PPT 出示）

题目	A 经常如此	B 有时如此	C 从不如此
1. 在家中，您的孩子是否会主动承担一些日常家务，如打扫房间、洗碗、整理床铺等？	37.78%	55.55%	6.67%
2. 当家中有客人来访时，您的孩子是否会主动承担接待客人的任务，如开门、介绍自己、提供饮料等？	40%	48.89%	11.11%
3. 在学习中，您的孩子是否会按时完成作业，并尽自己最大的努力取得好成绩？	68.89%	26.67%	4.44%
4. 当朋友或同学需要帮助时，您的孩子是否会主动提供帮助，如借东西、解答问题、陪伴等？	80%	15.56%	4.44%
5. 在公共场所，您的孩子是否会遵守规则和礼仪，如排队等待、让座、保持安静等？	80%	17.78%	2.22%
6. 当犯了错误时，您的孩子是否会承认并道歉，而不是逃避责任？	46.67%	51.11%	2.22%
7. 您的孩子是否会承担自己的行为后果，而不是把责任推给别人？	64.44%	33.34%	2.22%
8. 与伙伴合作时，您的孩子是否会积极参与并尽力做出贡献，而不是袖手旁观？	77.78%	15.55%	6.67%

续表

题目	A 经常如此	B 有时如此	C 从不如此
9. 您的孩子是否会尊重他人财产和权利，不擅自拿走或使用他人东西？	80%	15.56%	4.44%
10. 您的孩子是否参加过公益活动，比如慈善捐赠、志愿服务、社区服务、环保活动、公益宣传等？	37.78%	55.55%	6.67%

师：通过分析，我们可以看到目前在孩子责任培养方面家长做得好的地方：孩子会尽力取得好成绩；能主动为需要的人提供帮助；公共场合里，孩子会遵守规则和礼仪等。但是，也有一些需要引起我们关注：在家庭中，能经常主动承担日常家务的，占比只有 37.78%，从不如此的占比 6.67%；家中有客人来访时，能主动承担接待客人任务的，只有 40%，从不如此的占比 11.11%；公益活动方面，经常参与的占比 37.78%，有时参与的占比 55.55%，从不如此的占比 6.67%。这些数据可以给我们制定家规提供一些思考：如何完善家规，让家规成为培养孩子责任感的推动剂。

（2）家规修订，与责任深度捆绑。

①小组修订家规。小组成员之间可以互相交流，最多 10 条。

（PPT 出示）

任务：修订或者制定家规，最多 10 条。

策略一：清晰可见。比如，公众场合遵守规则和礼仪，可以约定为出行遵守交通规则、公共场合不大声喧哗等具体行为。

策略二：量身定做。我们可以结合自己会议前所填写的调查问卷，针对自己孩子责任感缺失的具体情况，制定或者完善自己的家规。

策略三：明确任务。明确家庭成员的行为准则、家务分配、电子产品使用时间等，同时要确保家规的执行是前后一致的。如果规则被打破，要明确后果和惩罚措施。

②欣赏家规。请家长展示自己修订后或者刚制定的家规，并说一说家规的主要变化。

师：家规制定的目的在于让责任在孩子身上生根。这意味着孩子应该对自己的行为负责，应该承担起自己应尽的责任。所以，家规重在执行。在执行过程中，我们可以通过给予孩子选择的权利、引导孩子思考后果和鼓励孩子承担责任等方式来帮助孩子树立责任感。

设计意图 这个环节的重点是家规制定，意图建立家长对孩子明确的规则和期望。让孩子知道家长对他们的期望，并解释为什么这些规则对家庭和他们的成长很重要。

会议总结

梁启超说："人生若能永远像两三岁小孩，本来没有责任，那就本来没有苦。到了长成，那责任自然压在你头上，如何能躲？不过有大小的分别罢了。尽得大的责任，就得大快乐；尽得小的责任，就得小快乐。"

"父母之爱子，则必为之计深远。"尽责任，得快乐。父母对孩子最好的筹谋，就在于培养孩子的责任感。让我们携起手来，密切合作，培养一个心中强大、有担当的孩子。

会议延展

（1）家长和孩子一起合作，共同制定家规。

既然孩子是家庭的一员，那么，家规的制定也需要得到孩子的认可。所以，家长制定出第一稿后，还需要尊重孩子的意愿，让孩子参与进来，提出自己的见解和观点。

（2）和孩子一起记录家规教育手记，每周至少两次，建议长期坚持。

（河南省济源市济渎路学校　刘翠平）

17. 财商管理：小消费，大学问

背景分析

随着我国经济的高速发展，人们的生活水平和消费水平不断提高，消费观念也发生了深刻的变化。五年级学生的消费自主性和影响力较之以往明显增强。但是，他们的消费观尚未正确树立，消费心理、消费行为等需要正确的引导。因此，进行适当的财商教育，帮助学生树立正确的消费观，显得尤为重要。此次家长会，旨在提高家长的认识，使他们能对孩子的消费行为加以引导，并能帮助孩子树立正确的消费观，培养良性的消费习惯，养成理性的消费方式。

本次家长会参与对象是五年级学生家长，时间是五年级上学期 10 月份。

会议目标

目标	家长	学生
知识层面	了解错误的消费观对孩子的影响，掌握理性消费的知识。	对理性消费有正确的认知，知道钱从哪儿来，知道节约是中华民族的传统美德。

续表

目标	家长	学生
能力层面	能反思自己不合理的消费行为；掌握为孩子发放零花钱以及列购物单的方法，并尝试运用。	能试着学习管理和使用零花钱；购物前做好购物计划，尝试列购物单。
态度层面	懂得为孩子做好榜样，树立理性消费、勤俭节约的消费观。	树立理性消费、勤俭节约的消费观。

会议准备

1. 材料准备

（1）准备 A4 纸和签字笔，每人一份。

（2）请每位家长带一张家庭最近的超市购物单，没有的可以不带。

2. 环境准备

教室打扫干净，桌椅摆放整齐。

3. 其他准备

组织学生参与零花钱管理现状调查和买牛奶体验活动，对调查数据进行分析，留家长会备用。

学生零花钱管理现状调查

1. 你自己保管钱吗（零花钱或者压岁钱）？

   A. 有　　B. 没有

2. 你保管这些钱的方式是什么？（多选）

   A. 银行卡　　B. 存钱罐　　C. 手机（微信、支付宝）　　D. 银行卡

3. 存入银行卡和存钱罐的钱，你会使用吗？

   A. 从未　　B. 偶尔　　C. 经常

4. 截至目前，你从银行卡和存钱罐中支出的最大一笔开销，金额大约是多少？

A. 10 元　B. 50 元　C. 100 元　D. 其他 ________

5. 这笔钱的服务对象是谁？

A. 自己　B. 亲人、朋友　C. 公益捐赠　D. 其他 ________

6. 你觉得最有意义的一笔支出是什么？请简要写明。

____

会议过程

师： 几天前，我接到一位家长的电话。征得他的同意后，我还原了这次通话的场景，请听录音。

（录音内容简介）

家长发现给孩子新买的两支笔不见了，和孩子交流后，了解到孩子跟别人换了两张小贴画。家长觉得自己的孩子吃亏了，希望老师能帮忙处理。

（PPT 出示）

如果您是家长，该如何帮助孩子建立物品和价格之间的联系？

预设：

（1）带孩子逛商场，了解物品和价格之间的关系。

（2）以后让孩子自己买东西，让孩子在真实的交易环境中了解物品和价格之间的关系。

师： 在我们的日常生活中，消费是司空见惯的事。一日三餐、上学上班、假期旅游，处处都需要消费。但是，消费又不是一件简单的事，小小的消费中，藏着大大的学问。这次家长会，我们就来聊聊“消费”这件事。（PPT 出示家长会主题：小消费，大学问。）

第一环节　模拟购物，消费选择有玄机

师： 买牛奶这件事，是很平常的消费行为。这样平常的小事中藏着什么样的消费学问呢？我们一起来进行一次模拟购物。

1. 买牛奶，家长做出选择

（PPT 出示）

第一次选择：假如你去超市购买牛奶，有下面两种价格和品牌的牛奶可供选择，你会倾向于选择哪一种？

A. 阳光纯牛奶，500 毫升，10 元。

B. 草原纯牛奶，500 毫升，20 元。

第二次选择：假如超市有下面三种价格和品牌的牛奶可供选择，你会倾向于选择哪一种？

A. 阳光纯牛奶，500 毫升，10 元。

B. 草原纯牛奶，500 毫升，20 元。

C. 牧场纯牛奶，500 毫升，40 元。

家长根据信息进行选择。教师统计选择结果并用 PPT 进行展示。

2. 买牛奶，看看孩子的选择

师： 家长会前，我在班级也做了这个活动。班级共有学生 50 人，参与学生 50 人。下面这张表，是孩子们的选择数据。

选项	A	B	C
第一次选择	24	26	
第二次选择	12	30	8

师： 按照经济学原理，牛奶 A 和牛奶 B 的市场份额都会因为新的竞争

对手牛奶 C 的加入而下降。然而，结果并非如此，在第二次选择中，有更多的人选择牛奶 B。为什么会出现这种情况呢?

（PPT 出示）

当人们在偏好不确定的情况下做选择时，往往更喜欢中间选项，因为它能让人感到安全，不至于犯下严重的决策错误。换句话说，人们在进行产品选择时，倾向于奉行“中庸之道”。

——郑毓煌、苏丹《理性的非理性》

观看视频：清华大学郑毓煌教授的《折中效应：让消费者多选择高利润产品》。

师总结：生活中，我们的消费从来不是一件简单的事，会受到个人因素、营销因素等很多因素的影响，让本来我们以为可以由我们全面掌控的消费行为变得错综复杂。

过渡：在学生买牛奶数据统计结束后，我对学生进行了调查。第一次调查对象是两次选 A 的同学，第二次调查对象是第二次选 C 的同学。

设计意图 这个环节设计的两个活动，是为了让家长明白，我们的消费选择看似微小，却在表明一种无意识的观念。它没有对错，但是会受到各种因素的影响。

第二环节　数据分析，消费误区勿踩雷

1. 便宜才是王道

师：我首先询问两次选 A 的孩子，为什么这样选择。大多数孩子的回答是一样的：因为便宜。又问他们买东西的原则是便宜，还是质量好，或者更合适？他们的回答还是便宜。在这些孩子的思维中，已经形成了这样一种消费观：我买它，是因为它便宜。便宜才是王道。这样的消费观从何而来？这段对话或许能给我们一点启发。

（PPT 出示）

孩子：妈妈，我想要这个玩具。
妈妈：不行，太贵了！

师：家长和孩子一起买东西，第一眼先看价格签，然后一个字，贵；两个字，真贵；三个字，太贵了。不买了，或者选个便宜的吧。再和孩子去买东西，还是第一眼先看价格签，贵，真贵，太贵了。不买了，或者选个便宜的吧。孩子对金钱的观念就在一见、又见、再见父母的行为过程中形成了。孩子的消费观念是本能模仿，不管父母是否愿意。而这样的消费观，会对孩子造成不良的影响。

2. 只买贵的，不买对的

师：第二次调查的对象是第二次选择中选 C 的学生。其中，有一种观点也应该引起我们的关注。我们先来观看一段电影的片段。

（1）观看电影《大腕》经典片段。

什么叫成功人士，你知道吗？成功人士就是买什么都买最贵的，不买最好的。所以，我们做房地产的口号就是不求最好，但求最贵。

师：购物时，以价格高为唯一标准，贵的，就是好的。这种消费观念也应该引起我们的关注。为什么标价越高，购买的人越多？这一现象早有经济学家给出了解释。美国著名经济学家凡勃伦在其著作《有闲阶级论》中，深入探讨了这个问题。

（2）透析现象：了解“凡勃仑效应”。

（PPT 出示）

1899年，美国经济学家凡勃仑（Veblen）出版的《有闲阶级论》中，“炫耀性消费”的概念首次引入经济学。炫耀性消费是通过昂贵的商品或服务来展示自己的地位或财富的一种消费形式。商品的价格越高，消费者便认为该商品的象征价值越高，进而刺激消费者进行消费。这种炫耀性消费在经济学上被称为凡勃仑效应。

师总结：便宜才是王道，不可取；只买贵的，不买对的，同样不可取。在消费时，我们要避免走极端，既不只追求价格的低廉，也不为炫耀和虚荣买单，应做到理性消费。

过渡：要做到理性消费，首先要树立正确的消费观念。

设计意图 此环节通过购物体验和消费问题辨析的方式，让家长了解两种不可取的极端的消费误区。这些错误的消费认知，不仅会导致浪费和不必要的支出，还可能影响个人的财务状况和心理健康。

第三环节　视频明理，消费观念要正确

1. 钱从劳动来

（1）话题交流：树立正确的消费观念，从谈钱开始。

师：您怎么和孩子谈钱呢？比如钱是哪儿来的？小明家为什么那么有钱？……

预设：

①你不用管，只管好好上学就行了。

②钱是爸爸妈妈辛辛苦苦挣的。爸妈挣钱太难了，你要好好上学，将来找个好工作。

③钱是爸爸妈妈挣来的。这钱可以用来照顾爷爷奶奶、姥姥姥爷，可以用来供你上学，还可以让我们的家庭生活更美好。我们很开心。

师：和孩子谈钱，怎么说才更合适呢？我们一起走进财商小课堂看一看吧。

（2）观看动画《给孩子的财商启蒙课》，思考钱是从哪儿来的。

爸爸妈妈的钱从哪儿来？是通过爸爸妈妈努力工作换来的。家里的钱来得很不容易。虽然工作很辛苦，但是工作可以换来钱，可以带来快乐和满足。

师总结：和孩子谈钱，不是跟孩子卖惨，不是跟孩子哭穷，而是让他们知道家里的钱是父母努力工作挣来的。我们的家，因为父母的努力而美满幸福。这是我们要传递给孩子的。

2. 节约是美德

师：除了和孩子谈钱从哪儿来，我们还可以和孩子聊一聊节约。勤俭节约是中华民族的传统美德，我们如何讲给孩子听呢？

（1）观看动画《给孩子的财商启蒙课》，知晓节约是美德。

家里的电器要用电才能工作，电是需要花钱买的。不光电要花钱买，家里的水也是要花钱买的。世界上的水和电都是有限的，所以要节约水和电。日常生活中，要养成节约的习惯。

（2）话题讨论：如何和孩子谈节约？

师：孩子在生活中有浪费的现象吗？你怎么和孩子谈节约呢？

预设：

①对于孩子浪费纸张，有家长说："我要和他聊聊纸张的制造过程，让他明白一张纸的形成是多么不容易。"

②对于节约用电，有家长说："我会给他看家里的电费单，给他讲电费是怎么产生的。"

师：从小培养孩子节约的习惯，从一张纸、一度电开始。同时，我们也要教孩子学会合理利用物品，不要随意丢弃或损坏。只有从小事做起，才能养成良好的节约习惯。

师总结：和孩子谈钱从哪儿来，孩子知道了钱的来之不易，学会了心疼和体谅父母；和孩子谈节约，以身示范，让中华美德融入孩子的血液里。

设计意图

播放的动画，让家长知道如何和孩子谈钱，如何引导孩子养成节约的美德。

第四环节　活动体验，消费行为须塑造

1. 零花钱可支配

（1）问卷反馈。

师：在这次家长会前，我对孩子们拥有零花钱的现状进行了一次调查。

（PPT 出示）

学生零花钱拥有现状：自己保管钱（零花钱或者压岁钱），36 人；自己不保管钱（零花钱或者压岁钱），14 人。

师：在这次调查中，我发现了一个有趣的现象：自己有储蓄，并且有自主消费能力的孩子，他们的自律能力、学习能力往往要高于那些不管钱的。从小让孩子学习管钱，对孩子益处多多。

（PPT 出示）

A. 从小管钱的孩子更独立自主，更有自信心。

B. 从小管钱的孩子更容易养成量入而出的习惯，学会理性消费。

C. 从小管钱的孩子心理会积极乐观。

（2）观看视频，探究零花钱的秘密。

A. 零花钱怎么来？

B. 零花钱应该给多少合适？多长时间给一次？

C. 应不应该通过家务来赚零花钱？

D. 零花钱怎么花？将钱分成三份，一份花，用来买自己想买的东西；一

份存，用来储蓄，攒钱买更贵更想要的东西；一份用来买礼物关心爱的人。

师：从视频中你学到了哪些发放零花钱的方法？发放零花钱，你有什么好的建议？

预设：

①孩子一年级时，我是一天一发，一次一块钱；二年级时，还是一天一发，一次两块钱；三年级开始，一周一发，一次 15 块钱。

②他的压岁钱，我存进他的银行账户。平常的零花钱，他自己保管。五块钱以下的开销我不干涉，五块钱以上的要跟我说一声，我们共同商量需不需要。

③从孩子三岁开始，我就教孩子学习花钱。孩子有一定金额的支配权，我也尽可能多地给他创造自己支付的机会。

④刚才的视频中，有一个做法很好，我决定试试：引导孩子将钱分为三份，一份花，一份存，一份用来表达爱。

师：发放零花钱的时候，可以考虑孩子的年龄特点，由少到多，时间跨度也可以慢慢拉长，引导孩子学会记账。

2. 购物单须规划

师：有了可支配的零花钱，怎么花又是个学问。孩子为什么会常常要求买一些我们觉得没必要买的东西呢？问题的关键是孩子并不懂得什么是“想要”，什么是“需要”。怎么花？首先要让孩子分清“想要”和“需要”。

（1）文字游戏：词语造句。

游戏规则

要求：用上以下词语，搭配“想要”和“需要”来说话。

词：别墅、房子、汽车、豪车、鞋子……

例如：我想要别墅，我需要房子。

利用点名软件随机抽取家长参与游戏。

师：在消费过程中，“想要”和“需要”都是需要考虑的因素。基本需要应该得到满足，但过度消费可能会导致浪费和环境破坏等问题。因此，我们在消费过程中应该保持理性和节制，分清“想要”和“需要”，根据实际需要和财力来做消费决策，避免浪费和不必要的消费。

（2）活动体验：列购物单。

师：分清了什么是“想要”，什么是“需要”，我们也来实际操练一下吧。

家长拿出自己最近的购物单，用刚才词语造句的方法再次审视，将购物单分为“想要”和“需要”。

师：如何让购物单更理性？

预设：

①购物前列出购物计划，写清楚要买的物品。

②资金预算要列入购物计划，这样购物时我们就会自觉货比三家，选择合适的物品。

③买东西时直奔主题，买完就走；平常固定购物时间，减少购物次数。

师总结：大家的方法很实用，我也受益匪浅。刚才我们玩了“想要”和“需要”的造句游戏，练习了如何给购物单“瘦身”。我们可以和孩子玩造句游戏，帮助孩子区分“想要”和“需要”；可以有目的地引导孩子进行有预算、有计划的购物，这些都是培养孩子理性消费的好方法。

设计意图

这个环节设计了两个活动，第一个活动围绕零花钱展开，使家长认识到拥有零花钱和零花钱支配权对孩子成长的影响，认识到让孩子管钱的重要性，并学到给孩子发放零花钱的方法；第二个活动则让家长在游戏和体验活动中学会区分“想要”和“需要”，并能根据“想要”和“需要”来优化自己的购物单，养成理性的消费习惯。

会议总结

合理消费，不光是孩子的人生必修课，也是我们每个人的人生必修课。

这次家长会，只是一个开端，愿为人父母者都能加强学习，言传身教，做孩子正确消费观念的塑造者，良性消费习惯的培训师。

会后延展

1. 零花钱日记

可由家长来记录，也可由孩子来记录。内容是零花钱的发放情况、使用情况，以及围绕孩子零花钱消费发生的有趣故事。

2. 购物单

双休日购物时可以和孩子一起拟定购物单，区分“想要”和“需要”；根据购物单进行购物。

(河南省济源市济渎路学校　刘翠平)

18. 生命教育：助力生命精彩绽放

背景分析

生命教育，是直面成长和生死问题的教育，其目标在于使人们学会理解生命、尊重生命、珍爱生命、绽放生命，学会积极地生存、健康地生活、独立地发展，获得身心和谐、事业成功、生活幸福，实现自我生命的丰盈。

五年级学生心理发展处于敏感时期，各方面压力增大；此阶段的家长对孩子各方面的要求也越来越高；孩子的自我意识觉醒，但孩子对生命还处于一知半解的阶段，对人生很迷茫，需要家长和老师进行适当引导。因此，在小学课堂中引入生命教育刻不容缓。

此次家长会参与对象是五年级学生家长，时间是五年级上学期期末。

会议目标

目标	家长	学生
知识层面	科学认识孩子的优点与缺点。	客观认识自己的优点与缺点。
能力层面	能用健康、积极的陪伴助力孩子精彩绽放，提升生命质量。	能够珍爱生命，绽放生命的精彩。
态度层面	重视孩子心理健康的培养，有意识地欣赏孩子的优点、接纳孩子的缺点。	积极面对自己的优缺点，拥有乐观的性格、积极向上的人生态度。

会议准备

1. 材料准备

准备 PPT、信纸。

2. 环境准备

布置一个温馨有爱的环境，装扮一些气球和爱心卡片，桌椅按照小组形式摆放。

3. 其他准备

（1）提前下载歌曲《怒放的生命》。

（2）与家长沟通，提前找一个家长准备自己的励志故事。

（3）进行问卷调查。

调查问卷

亲爱的家长，这是一项关于小学生生命教育的调查问卷，您的回答对本次家长会非常重要！请根据真实情况填写，谢谢您的支持和配合。

1. 现在的孩子心理比较复杂和脆弱，您知道怎么呵护孩子幼小的心灵吗？

A. 知道很多　　B. 知道一点　　C. 完全不知道

2. 当孩子成绩不太理想或者受委屈时，您有认真了解过他的想法吗？

A. 从来没有　　B. 偶尔有　　C. 经常有

3. 当孩子遇到学习或者生活中巨大的挫折时，您有关注过吗？

A. 一直有　　B. 一直没有　　C. 偶尔有

4. 您会用欣赏的目光看自己的孩子，并经常鼓励他吗？

A. 从来没有　　B. 偶尔有　　C. 经常有

5. 您有对孩子进行生命教育的意识吗？

A. 从来没有　　B. 偶尔有　　C. 经常有

6. 您觉得自己的孩子有哪些特长，您懂得怎样成全自己的孩子吗？

A. 懂得　　B. 不懂得　　C. 似懂非懂

7. 家长和老师该怎么做才可以助力孩子精彩绽放，写一写您的方法和建议。

会议过程

会议开始前，播放歌曲《怒放的生命》，营造氛围。

师： 亲爱的家长朋友们，大家好！今天我们一起探讨一个非常有意义的话题——生命教育。生命对于每个人来说只有一次，生命是非常宝贵的，又是非常脆弱的。如何培养出孩子们的“大心脏”，引导孩子健康、快乐、向上地成长呢？咱们今天齐聚一堂，召开“助力生命精彩绽放”的家长会。

第一环节　情景表演，接纳生命

师： 亲爱的家长们，从根本意义上来说，生命教育是一种全人教育，它涵盖了人从出生到死亡的整个过程和这一过程中所涉及的各个方面，既关乎人的生存与生活，也关乎人的成长与发展，更关乎人的本性与价值。下面，我们一起欣赏一个情景剧。

1. 表演情景剧《一群不完美的小孩》

情景一：

一个胆小爱哭的孩子，一个调皮捣蛋的孩子，一个成绩不好的孩子，一个爱挑食的瘦弱孩子……正在被自己的父母训斥，每个家长都怒气冲冲地指责和批评孩子。

情景二：

一群可爱的孩子聚在一起，他们满脸伤心和委屈。他们唉声叹气，生气地抱怨家长不懂他们，不爱他们，不尊重他们。

情景三：

几个家长聚在一起，都在生气地数落自己孩子的缺点。

师：看完情景剧，我们都希望孩子能更优秀，但我们有没有想过什么才是“优秀”的标准呢？面对孩子们的不完美，家长应该用怎样的态度来教育呢？

预设：

（1）看到孩子们委屈、难过，我很心疼，没想到我们在不经意间说的话，竟然深深地伤害了自己的孩子，以后不能总这样批评孩子了。

（2）其实我很爱自己的孩子，可是我总喜欢拿他与邻居家优秀的孩子做比较，一比较，就总是对孩子产生不满情绪。现在想想，是我的问题。

师：是啊，不完美是生命的常态，生命教育的核心目标在于，通过生命管理，让每一个人都成为“我自己”，都能最终实现“我之为我”的生命价值，即把生命中的爱和亮点全部展现出来，为社会、为人间焕发出自己独有的美丽光彩。每个孩子都是独一无二的，我们都应该无条件地接纳他。只有接纳他，才能产生共情，才能真正走进孩子心里。让我们一起听听孩子的心声吧。

2. 播放歌曲《我还是个孩子》

师：听完这首歌，大家有什么感受？

预设：

（1）听到孩子唱着心中的心酸和无奈，觉得需要反思自己是否把孩子逼得太紧了。

（2）在想我的孩子成绩确实不是非常优秀，有很多地方不如别人家的孩子，但他身上也有很多优点，我要善于发现自己孩子身上的闪光点。

过渡：我们应该教会孩子肯定自我的生命价值：每个人都是独一无二的，生来就有价值。每个孩子都有自己的独特性，我们不能用同一把尺子丈量所有的孩子。所以我们要无条件接纳孩子，同时，还要呵护孩子的心灵。现在的孩子都很敏感，也很脆弱，接下来请大家观看一段视频。

设计意图 此环节通过一个情景剧和一首歌，让家长们感受到孩子们心中的无奈和委屈，引发家长的思考。世上没有完美的小孩，家长要学会接纳孩子的不足。

第二环节 观看视频，呵护生命

1. 观看视频

一个孩子犯了错，家长来到学校，在走廊上大声地批评自己的孩子，说着说着，竟然扇了孩子几耳光，孩子此时一句话没说，直接从楼上一跃而下。家长还没反应过来，孩子已经没有生命迹象了。

师：看完这个视频，您有什么感受？

预设：

（1）我以前总觉得孩子还小，说话很随意，没有顾及孩子的感受，以后说话之前要三思。

（2）要学会与孩子沟通，遇到事情不能不问青红皂白地批评。

（3）要尊重孩子，不能当着别人的面批评、责骂孩子。

（4）要经常对孩子进行挫折教育，磨炼孩子的意志力，提高孩子的抗挫能力。

师：作为父母，我们该给孩子一生受用的生命品格，应该帮助孩子发现自己、了解自己、发展自己。家长必须找到孩子与生俱来的特质，了解这些特质，根据这些特质为孩子提供适合他们成长的独特环境和途径，为他们的生命历程添砖加瓦。

2. 方法分享

（1）小组交流。

师：我们该如何呵护孩子呢？请小组交流呵护孩子的方法。大家畅所欲言，互相学习。

预设：

①我家孩子有点胆小，所以我会经常陪伴孩子；带孩子做户外运动；陪他做一些锻炼胆量的游戏；多给他讲一些勇敢者的故事，从精神上引领。

②我家孩子特别调皮，所以我经常带着他爬山、跑步、打球等，让他有地方释放过剩的精力；我还会带他钓钓鱼、下下棋，磨炼他浮躁的性子，锻炼他的专注力。

③我家孩子自尊心很强，平时说话时我会注意自己的语气和措辞。

师：这些优秀家长的做法非常值得我们学习。世界上没有完美的人，何况是小孩子呢，所以我们要接纳他们的不完美。看到孩子的不足之处，我们要想办法帮助他们、引导他们，遇到问题要耐心沟通，而不是打骂和批评，要用心呵护他们。

（2）老师分享。

师：我也有一个方法想分享给大家：让孩子们养护一个小动物或者种一盆植物，让他们在照顾小动物成长、呵护花草长大的过程中体会生命的脆弱，体会生命需要精心呵护才能长大，从而也学会呵护自己的生命。

过渡：看来，大家都已经意识到要尊重孩子，注重与孩子沟通交流，也意识到生命的脆弱，明白了我们要呵护生命。在呵护生命的同时，还要去寻找孩子身上的闪光点，学会欣赏生命。接下来，我想给家长分享一个故事。

设计意图 此环节通过亲子矛盾造成的悲剧案例，引发家长深入思考，让家长心灵受到震撼，从而重视与孩子的沟通，重视生命教育；通过班主任和家长的交流，分享呵护孩子心灵的好方法。

第三环节　故事分享，欣赏生命

1. 分享一个故事

师：著名心理学家做了一个实验，他来到一所学校随机挑选了部分学生，和助手做了一份“最有发展前途”的学生名单，然后将名单交给相关老师和校长，用赞许的口吻说：这些学生具有高智商，是最有前途的好苗子，并告诉他们，为保证实验的准确性，一定要保密。八个月后，心理学家对这些学生再次进行了实验，结果让人惊喜，名单上的所有学生，成绩都有了很大进步，而且性格变得乐观向上、自信大方，求知欲特别强。这些随机挑选的学生变得越来越优秀，是因为心理学家对这些学生的肯定和称赞，对老师们产生了积极的心理暗示，影响了老师们对这些学生能力的评价，而老师们的称赞和肯定又会传递给这些学生，并产生鼓励效应，使他们朝着所期望的方向变化。最终，名单上的学生都变得更加自信、自强，变得越来越优秀。这就是著名的“罗森塔尔效应”。

师：家长朋友们，你们想在自己孩子身上看到“罗森塔尔效应”吗？那么，就请你每天用真诚的眼光去鼓励你的孩子，用真诚的话语去赞美你的孩子，学会欣赏孩子。

2. 做一只生命之舟

（1）做一做。

请家长折一只帆船，在船上写上孩子的优点和令父母欣赏或感动的事情。

师：当你发现孩子身上的优点越多，当你欣赏孩子的地方越多，他的生命之舟就更能勇往直前。

（2）想一想。

师：请家长尽可能多地写孩子的优点，一边写一边反思是否曾经忽略了孩子的这些优点，是否认真表扬过孩子的这些优点，是否能一直用欣赏的眼光看自己的孩子。

（3）读一读。

师：请家长回去后真诚地把这些优点读给孩子听，把这只生命之舟送给可爱的孩子，并用真诚的目光看待孩子，认真地告诉他："妈妈（爸爸）发现你身上有很多优点，我相信你一定是最棒的。"

过渡：归纳起来，生命教育就是要帮助孩子学会肯定自己的生命价值，深入了解生命的本质，知道最重要的是什么，要做的是什么，知道自己为何而活。而家长对孩子最大的贡献是：让孩子知道他活得很精彩。接下来，我们再来观看一个视频。

设计意图

此环节通过罗森塔尔的实验和做生命之舟的活动，让家长明白只有不断发现孩子的优点，不断鼓励和表扬孩子，相信自己的孩子是最棒的，用欣赏的态度对待孩子，孩子才会越来越优秀，才会朝着家长期待的方向发展。

第四环节　交流讨论，成全生命

1. 播放视频

视频展示了大自然中花草树木、鸟兽虫鱼的生长过程。

师：看到扎根、发芽、长叶、开花、结果的生长过程，听到不同的鸟语虫鸣，联想到自己的孩子，大家有什么感受？

预设：有的孩子像大树，有的孩子像小草，有的孩子像美丽的花朵，有的孩子像可爱的小鸟，每个人都有自己独特的样子，都有自己不一样的生命体验……

师：地球上的花有千千万万种，开花的季节不同，就使得每朵花的花期不同，但它们都有自己独特的魅力，就让我们耐心地静待花开吧。

2. 案例分析

一个初到一个新的班级、性格非常内向且胆小的孩子，经过一个学期后，变得阳光自信。这个孩子曾经学习不努力，成绩不好，不敢与别人交流，总是孤单地坐在教室的角落。这个班的班主任是一个善于发现学生闪光点的老师，在一次交流中，他知道了这个孩子非常喜欢画画，可是家长怕耽误学习，不让他画了。班主任便多次与家长沟通交流，后来家长终于同意他继续画画。家长和班主任一直鼓励孩子画画，班主任还给他举办了个人画展。慢慢地，他变得越来越自信，后来还考上了不错的美术学院，成立了美术工作室。

师：我们该如何助力孩子的生命精彩绽放呢？请大家交流自己的做法。

家长交流各自的做法。

师小结：一是发现孩子的兴趣。帮助孩子多培养一些兴趣爱好，让他们看到生活中的多姿多彩，让孩子在心情低落的时候，有一个爱好可以作为排遣情绪的渠道。二是寻找孩子的特长。让孩子在自己的特长中获得成就感，在特长中寻找生命的意义，在特长中绽放生命的精彩。三是培养孩子的理想。家长要引导孩子树立远大的理想，让孩子努力奋斗，提高生命的价值。

3. 诗歌朗诵

家长在老师的指导下，朗诵狄金森的《如果我能使一颗心免于哀伤》，体会诗歌的意义，进而对本次家长会有更加深刻的认识。

（1）小组讨论生命的意义。

（2）亲子共写生命宣言，让自己的生命绽放光芒。

设计意图 此环节让家长明白，每个孩子都有自己独特的魅力。我们要发现孩子的特长，遵从孩子的意愿，成全孩子的生命，助力孩子的生命精彩绽放。让学生和家长都感受到生命的意义。

会议总结

家长朋友们，生命教育就是要帮助孩子学会肯定自我的生命价值。一个优秀的家长，要用心呵护生命，要用爱欣赏孩子，更要努力成全生命，助力孩子的生命之花灿烂绽放。

会议延展

（1）利用家校沟通群，分享生命中的美好时刻。

（2）班主任每个月组织家长在家校微信群开展一次关于学生身心健康教育的线上沙龙。

（3）制作优点储蓄罐：每天写下孩子的一个优点，放进储蓄罐。

（河南省南阳市实验学校　郭燕华）

19. 劳动教育：“悦”劳动，越幸福

背景分析

2020 年 3 月，《中共中央 国务院关于全面加强新时代大中小学劳动教育的意见》出台；2020 年 7 月，教育部印发《大中小学劳动教育指导纲要（试行）》，进一步推动劳动教育落地；2021 年，《中华人民共和国教育法》修订，明确把“劳”写入国家教育方针。五年级学生应该掌握哪些劳动技能？五年级家长要培养孩子哪些劳动意识和劳动技能？面对以上政策要求和问题，特组织召开此次劳动教育家长会。

本次家长会参与对象是五年级学生及其家长，时间是五年级下学期 5 月份。

会议目标

目标	家长	学生
知识层面	了解孩子需要掌握的劳动技能，认识劳动对于孩子成长的意义。	知道自己需要掌握的劳动技能，认识劳动对自己成长的意义。
能力层面	能掌握培养孩子劳动技能的方法，教会孩子一些简单的生活、生产、劳动技能。	能掌握清洗物品、做简单饭菜、简单缝制、栽种花草等生活、生产和劳动技能。
态度层面	认同劳动教育是有助于孩子成长的，愿意对孩子进行劳动教育。	愿意主动参与各种劳动，感受劳动带来的成就感和幸福感。

会议准备

1. 材料准备

准备针线包、废旧布料或其他材质的废旧物品等。

2. 环境准备

将教室提前布置成亲子并排坐的形式。

3. 其他准备

（1）学生在家长的指导下提前练习手工缝制。

（2）录制学生制作美食的视频。

（3）提前排练情景剧。

（4）对家长进行问卷调查。

调查问卷

亲爱的家长，面对孩子的劳动教育问题，您是否有些迷茫、不知所措？有些迟疑，不知教些什么？今天，我们想通过一个问卷来了解相关情况，以便更有针对性地帮助您。此问卷对外绝对保密，请您按照实际情况如实填写。

1. 您认为有必要在小学阶段对孩子进行劳动教育吗？

   A. 有　B. 没有　C. 顺其自然

2. 您认为在家里，学习任务和劳动任务哪一个对孩子更重要？

   A. 学习任务　B. 劳动教育　C. 同等重要　D. 无所谓

3. 您的孩子在家里做家务劳动吗？

   A. 从来不做　B. 偶尔做　C. 经常做

4. 您知道孩子需要掌握哪些劳动技能吗？请列举您认为孩子需要掌握的必备劳动技能。

   A. 完全不了解　B. 有一些了解　C. 非常了解

必备劳动技能：____________

5. 作为家长，您是如何理解劳动的？（多选）

A. 劳动就是做家务、做卫生　　B. 劳动就是受苦受累的体力活

C. 劳动是具有创造性的活动　　D. 劳动是人与动物的根本区别

6. 您认为劳动教育在孩子教育中能起到什么作用？（多选）

A. 有助于养成吃苦耐劳的精神

B. 有助于养成良好的生活习惯

C. 有助于形成正确的人生观和价值观

D. 有助于锻炼意志品质

E. 起不到什么重要作用

7. 作为家长，您在帮助孩子养成良好劳动习惯方面，做了哪些努力？（多选）

A. 严格要求孩子，让他们多劳动

B. 规划时间让孩子参与劳动

C. 和孩子共同劳动

D. 制定“劳动养练表”，培养孩子习惯

E. 其他

8. 如果我们要开一个关于劳动习惯培养主题的家长会，您喜欢什么形式？

A. 讲座　　B. 互动或者活动　　C. 老师个别咨询辅导

9. 作为家长，您有哪些方面的困惑，需要什么样的帮助？请告诉我们，我们会尽力帮助您！

____

会议过程

师： 习近平总书记强调：“要在学生中弘扬劳动精神，教育引导学生崇尚劳动、尊重劳动，懂得劳动最光荣、劳动最崇高、劳动最伟大、劳动最美丽的道理，长大后能够辛勤劳动、诚实劳动、创造性劳动。”您是否重视对孩子进行劳动教育呢？孩子应学会哪些基本的劳动技能呢？我们又该如何培养

孩子的劳动习惯呢？今天，我们就以"'悦'劳动，越幸福"为主题召开一次家长会。

第一环节　明确劳动要求

师： 五年级的孩子需要掌握哪些劳动技能呢？通过问卷调查，我发现大多数家长并不太清楚。其实，国家、地方和学校都相当重视劳动教育，也出台了相关文件，教育部也颁布了《义务教育劳动课程标准（2022 年版）》，我们一起来解读文件。

1. 劳动教育相关文件解读

（1）劳动教育包括哪些方面？

（PPT 出示）

日常生活劳动包括清洁与卫生、整理与收纳、烹饪与营养、家用器具使用与维护等。

生产劳动包括农业生产劳动、传统工艺制作、工业生产劳动、新技术体验与应用等。

服务性劳动包括现代服务业劳动、公益劳动与志愿服务等。

（2）明确五年级学生要掌握的劳动技能。

（PPT 出示）

日常生活劳动	1. 会自己洗头发。 2. 能清理和合理处置使用过的教科书、作业本。 3. 会做西红柿炒鸡蛋、煎鸡蛋等家常菜。 4. 会用电视机观看不同类型的节目。
生产劳动	1. 种植与养护 1 ~ 2 种蔬菜、盆栽花草、果树等。 2. 自制环保手提袋。 3. 制作音乐贺卡。

续表

服务性劳动	1. 学习菜鸟驿站管理方法，并自己尝试管理。 2. 参与学校环境绿化、清扫活动。 3. 在学校开展公共卫生服务宣传活动。

师： 通过文件解读，大家都清楚了五年级的孩子应该掌握的劳动技能，接下来我们一起学习两个简单的劳动技能。

2. 劳动技能现场展示

（1）播放视频，展示技能。

师： 我们班有几个家庭是劳动型家庭，家长和孩子都非常重视劳动，大人和小孩都成了“大厨师”，现在请大家观看他们做家常菜的视频。（播放视频）看完之后，请家长和孩子分别谈一谈感受。

预设：

家长：这几位同学太了不起了，为他们点赞！其中有些简单的饭菜也可以让我的孩子学学，提高他的劳动能力。

学生：我觉得做饭并不难，我也想回家自己尝试着做一做，希望妈妈能同意。

（2）亲子劳动，现场比赛。

师： 亲爱的家长朋友们，下面让我们以家庭为单位，亲子合作完成一次制作环保手提袋的任务。请看大屏幕上的要求。

（PPT 出示）

劳动现场赛

以家庭为单位开展制作环保手提袋比赛，先设计图纸，然后结合图纸利用从家里带来的废旧布料或者其他材质的废品，进行缝制。

要求：（1）废物利用；（2）美观且实用；（3）制作时间短。

①大家做好准备后，宣布比赛规则。

②比赛正式开始，教师播放音乐，并在班级内巡视。

③请各个家庭在小组内展示自己的作品，小组内从时间和美观两个方面进行评选，推选出本小组的优胜家庭。

④为优秀家庭颁发奖状，家庭代表发言。

预设：孩子说："妈妈从小就告诉我自己的事情自己做，所以从一年级开始我就会自己整理书包和书桌，老师和同学们经常夸我课桌的抽屉很整齐，我觉得特别开心。今天能赢得比赛，主要是因为我的父母从小教会我很多劳动技能。我非常感谢我的父母，我觉得劳动带给我很多快乐和成就感。"

⑤落选家长代表发言。

预设：家长说："看到别人家的孩子会做那么多，我觉得自己平时对孩子的劳动教育太不到位了。我看咱们班热爱劳动的孩子，各方面都很优秀。看来老师说得没错，劳动能让孩子变聪明呀。"

过渡：通过劳动技能大赛，我们看到了有的孩子心灵手巧，这是家长平时重视劳动教育的结果。但有的孩子连针线都不会拿，更别说缝制了。接下来通过两个情景剧，一起来看看不重视劳动教育的家长和不爱劳动的孩子会出现什么情况。

设计意图 此环节通过劳动技能的演示，教会孩子们一些简单的劳动技能，同时让孩子们认识到做饭、整理房间并不难，激发他们的劳动兴趣，也让家长们懂得了教孩子劳动技能的必要性。

第二环节　强调劳动意识

1. 情景剧表演

（1）亲子情景剧。

孩子看到妈妈在包饺子，特别想动手尝试一下。

孩子：妈妈，我也想包饺子。

妈妈：你不会包，让你包，还不如我一个人包得快呢。

孩子：妈妈，你就教教我吧，我特别想学。

妈妈：学啥学，现在学习是最重要的，赶紧去写作业吧。

孩子难过而失望地走开了。

师： 你们认为这位妈妈的做法对吗？如果觉得不对，你们想给这位妈妈说些什么？

预设：

家长 1：孩子小时候其实都非常勤劳，他们对什么都很感兴趣，家长不能打击孩子主动做事的积极性，要给孩子动手实践的机会。

家长 2：我之前也出现过类似的情况，以后我不能再这样打击孩子的积极性了。

学生 1：我妈妈也是这样，我每次看大人做饭，特别想学，妈妈就说小孩子以学习为重，不要学这些。

学生 2：有时候我看到妈妈做家务很辛苦，想帮忙分担一些，但是妈妈不领情，我很生气。

（2）师生情景剧。

上课讲评习题，善于收纳整理的孩子立刻拿出来了，而抽屉和书包乱七八糟的孩子找了很久，急得满头大汗，还是找不到。

师： 为什么会出现截然不同的两种情况呢？请大家看看孩子们平时的抽屉。（播放班级孩子们课桌抽屉的图片，整齐的和混乱的进行比对。）

师： 这两个情景剧中表演的就是咱们班孩子的真实情况。通过课前的问卷调查，我发现咱们班很多家长不太重视劳动教育，很多孩子也不太会做家务。通过问卷调查的分析，我也发现，咱们很多家长觉得学习第一，劳动教育没有必要。其实，大家有所不知，劳动对于孩子们的意义非常重大。

2. 劳动的意义

师：对于孩子来说，劳动有什么意义呢？请看大屏幕。

（PPT 出示）

1. 掌握有效的劳动技能，形成正确的劳动观，增强成就感，变得自信。
2. 爱劳动的孩子，能吃苦耐劳，学习的兴趣也会被不断地激发。
3. 爱劳动的孩子，懂得尊重劳动成果，懂得感恩，促进亲子关系。
4. 爱劳动的孩子，更容易获得快乐。
5. 爱劳动的孩子，能拥有创造幸福生活的能力。

过渡：亲爱的家长们，通过两个情景剧，我们发现平时缺乏劳动锻炼，自理能力差，很可能会影响到孩子们的学习。通过我的介绍，大家也明白了劳动对于孩子的意义。所以，咱们一定要重视劳动教育，从小培养孩子良好的劳动习惯。

设计意图

本环节通过情景剧展示，引导每个家庭联系自己家庭的实际进行对比反思，清楚地认识到家庭劳动教育缺失的弊端，让每个家庭直面自己的问题，并通过强调劳动对于孩子们的重要意义，引起家长对孩子劳动教育的重视。

第三环节　培养劳动习惯

1. 家长分享小妙招

家长分小组讨论，交流培养良好劳动习惯的小妙招。

预设：

（1）多给孩子一些锻炼的机会。

（2）从小就给孩子树立劳动光荣的思想。

（3）制作劳动打卡清单，孩子每天完成一项劳动，家长就给奖励。

（4）让孩子做一些简单的家务，孩子做完后家长使劲夸赞，让孩子多一些成就感。

2. 老师开展小讲座

师： 首先，以身作则，行胜于言。想要让孩子热爱劳动，家长要勤劳，孩子看到家长在做家务，也会愿意跟着做。在家务劳动过程中，要心情愉快，不可一边做家务一边抱怨，要让孩子看到做家务是一件快乐的事情。如果父母不愿意做家务，并且经常因为做家务而争吵，孩子当然也不愿意做。

其次，结合兴趣，适度引导。家长要根据孩子的性别和喜好，一开始给他们选择合适的家务劳动，在劳动中观察孩子喜欢做什么类型的家务劳动，尽可能让孩子多干一些喜欢的。比如有的孩子喜欢做饭菜，家长就要指导孩子做一些简单的饭菜，并不断地鼓励和夸奖；有的孩子喜欢整理房间，就给他一间凌乱的房间，锻炼他；有的孩子喜欢侍弄花草，就让他负责养护家里的花草。如果孩子什么都不喜欢，那么在劳动时，家长可以故意请求孩子帮忙，或者开展亲子劳动比赛，并适度示弱，及时鼓励和夸奖孩子，让孩子从劳动中获得快乐。

最后，培养习惯，从小开始。我们要信任自己的孩子，不要总觉得他们什么都不会干；要学会放手，不要总是代替他们做一些事情。家长可以根据劳动课程标准中对五年级学生的要求，和孩子一起商量制定一份做家务的清单。如果孩子不会做，家长可以适当地给孩子做一些培训和示范；也可以和孩子一起做家务，在做的过程中，总结一些生活中的小窍门，让孩子在劳动的过程中，不仅收获动手能力，还收获一些生活小常识。注意：千万不要用完美主义要求孩子，他们毕竟还是孩子，即使做得不够好，也要不断表扬和鼓励。家长还可以带领孩子进行一些复杂而有趣的劳动，激发孩子的价值感和成就感。在劳动过程中，家长要与孩子一起总结成功的经验和失败的教训，讨论解决家务的办法，让他们在劳动中收获快乐，收获自信，收获幸福。坚持下去，孩子们自然就会爱上劳动，会养成良好的劳动习惯。

过渡： 家长清楚了五年级孩子要掌握的劳动技能，也掌握了培养良好劳动习惯的方法，接下来就根据国家出台的相关文件中提出的要求，赶快行动起来吧！

设计意图 家长们看到了劳动的意义，有了劳动教育意识，明白了劳动教育的重要性，但苦于不知道怎么培养孩子的劳动习惯。通过讨论、交流，家长和教师都分享了培养劳动习惯的方法，为没有掌握方法的家长提供了帮助。

第四环节　制订劳动计划

1. 开展劳动实践活动

师：我们该如何引领学生行动起来呢？接下来，我们将要开展一个“我劳动，我快乐”的劳动实践活动，希望得到家长朋友们的支持和配合，具体要求如下。

（PPT 出示）

每日行动：孩子们至少做 5 分钟家务。建议：有条件的家庭和孩子，可以撰写劳动小日记。

每周美食：每个孩子每周学做一道美食。利用周末时间，亲子共同参与。学期末评选“劳动小达人”“最美劳动家庭”。

2. 制订劳动计划书

师：制订劳动计划书前，亲子商量，先从孩子感兴趣的劳动开始。计划书要有一个总目标，还要有每天、每周、每月的小目标；要写清楚每天具体的劳动时间、劳动项目、劳动要求，还要写上奖惩措施。总之，劳动计划书要详细、具体、操作性强，还要根据实际情况进行调整。计划书重在落实，力求达到最好的效果。

设计意图 在家长会结束前，当场制订劳动计划书，有目标、有计划，趁热打铁，让大家行动起来。

会议总结

相信通过本次家长会，大家已经认识到劳动教育对孩子健康成长具有非常重要的作用。会劳动的孩子，一定能拥有快乐生活的能力；爱劳动的孩子，必将拥有一个幸福的人生。劳动清单已经认领，劳动计划已经制订，接下来的日子里，家校携手，共同培养出一个个热爱劳动的好孩子。

会议延展

1. 追踪调查

利用问卷星追踪家庭劳动教育落实的情况，如在家里对孩子进行劳动教育的过程中，遇到了什么难题，需要学校、老师提供什么帮助等。

2. 开展系列劳动活动

相继在班级内开展系列劳动活动，如“我爱做家务”“美食 PK 赛”“晒晒我的小卧室”“亲子劳动”“劳动小达人”等。

（河南省南阳市实验学校　郭燕华）

20. 暑假安排：
——精彩暑假，在自己手中！

背景分析

“五升六”的孩子们在暑假里面临着知识的全盘强化与提升，同时也注重“双减”政策下的全面发展。这个暑假成为处在青春期前期的五年级学生践行自主活动、增强自信心的黄金假期。因此，一部分家庭会在假期里出现“5+2<7”“4 个月 +2 个月 =0”的现象。也就是说，学生在学校受到的教育、养成的习惯一旦遇上节假日和假期，其力量和效果就会大打折扣。为了让家长学会科学设计与监督学生假期，须及时召开一场如何进行暑假安排的家长会。

本次家长会参与对象是五年级学生及其家长，时间是五年级下学期 6 月底。

会议目标

目标	家长	学生
知识层面	了解五年级孩子自我规划的特点，以及时间管理对孩子成长的重要性；更好地了解自主、自律的暑假安排对孩子成长的深远意义。	在家长的指导下，了解自主、自律进行时间管理的方法与技巧。

续表

目标	家长	学生
能力层面	学会帮助孩子改善、改良既定的暑假安排；指导孩子解决意志力薄弱的问题，制订自我坚持的计划和方案。	培养自主安排、高效开展暑假生活并持之以恒的好习惯；学会科学设计自主、自律的暑假安排并不断优化既有的安排。
态度层面	接受孩子在自主安排暑假生活的过程中，安排得不够合理。	培养积极主动、健康向上的学习心理。

会议准备

1. 材料准备

制作 PPT，准备亲子交流互动用的彩纸、白纸。

2. 环境准备

布置黑板。

3. 其他准备

（1）提前制作“我是 ×××，我是一位 ________ 性格的男生 / 女生”的个人交流卡，在家长会召开之前让学生们填写好。不要提前让家长见到该卡片，家长会召开前放到书桌里。等进行到相应环节时，再拿出来。

（2）班主任老师提前对研学、综合实践等方面的文件进行研读。

（3）提前做好有待填写的暑假安排计划表。

（4）教师提前汇总和统计调查问卷结果，有针对性地做好情况统计工作。

调查问卷

尊敬的家长朋友，为了指导您与孩子更好地一起度过暑假，并针对我班学生的具体情况对症下药解决问题，现做一个问卷调查。辛苦您如实填写。请放心，此问卷对外绝对保密。

1. 您在暑假里有多少时间陪伴孩子？（多选）

A. 一点时间也没有　B. 除了上班时间　C. 我是专职家长　D. 其他

2. 您是否对孩子有假期生活的规划？（多选）

A. 每一次都是　B. 偶尔有几次　C. 偶尔有一次　D. 从来没有做过

3. 您的文化程度是什么？

A. 大学本科以上　B. 大学本科　C. 大专　D. 中学

4. 您认为，您的孩子在暑假里经常处于哪些行为状态当中？（多选）

A. 非常自律　B. 主动安排自己的暑假生活　C. 会安排但是不持久

D. 从来没有安排过自己的暑假生活　E. 家长说一说孩子动一动

F. 家长说了孩子也不动　G. 其他

5. 您认为，您的孩子在暑假里有下列哪些情绪？请按程度从 0 ~ 10（从弱到强）中选择数字标注。

快乐______　悲伤______　焦虑______　冲动______　平静______

乐观______　自卑______　其他：______（请写具体情绪）

6. 暑假您给孩子报了几个特长班？

A. 1 个　B. 2 个　C. 3 个　D. 3 个以上

7. 作为家长，您与孩子能遵循平时上学时的作息时间吗？

A. 能　B. 不能

8. 您对孩子完成常规的暑假作业是如何要求的？

A. 按照老师的要求去完成　B. 加快节奏，比老师的要求完成得快

C. 没管过孩子，不清楚孩子完成的进度

9. 你对孩子的暑假研学有过规划吗？

A. 有　B. 没有

10. 孩子向您提暑假想学习他（她）感兴趣的特长班时，您作为家长持什么态度？

A. 积极支持　B. 如果和提高学习成绩没关系，坚决反对

11. 除了以上问题，如果您还有困惑，请写在下方。

____

会议过程

教师组织家长坐好后，展示 PPT，宣布召开暑假安排主题家长会，题目为“精彩暑假，在自己手中！”

师： 亲爱的家长们，刚刚经历了期末考试的历练，我们即将迎来为期 60 天左右的暑假。这个暑假，说长不长，说短又不短。同样的暑假，在不同的家庭里发生着不同的变化。下面就让我们一起来看看两组家庭不同的暑假生活吧！

提前安排好的两组家庭进行表演。

第一组家庭：

“别人家”的孩子

每天，张同学爸爸和张同学一起晨练、晨读，接着，张同学和家长一起做早餐。吃完早餐以后，父母去上班，张同学开始上午的暑假学习：先是用一个小时做暑假作业，然后进行半个小时的体育锻炼和绘画、书法的练习。中午，在家长回来之前，张同学做好了午饭。下午，张同学高高兴兴地到乐器班学乐器。傍晚，一家人坐在一起，聊一聊当天的收获，谈一谈体会。晚上，在父母的乐器伴奏下，张同学把自己的原创诗吟唱了出来。正是这样一个暑假的坚持，张同学成为班里德智体美劳全面发展的优秀学生。他在今年被评为河南省最美中小学生。(表演者边表演，边讲述以上语言。)

第二组家庭：

躺平、焦虑

早晨，李同学一家人不起床，睡懒觉，起来以后到街上买早餐。上午，李同学的爸爸妈妈去上班了，他自己在家里看电视、躺着、睡觉。中午，爸爸妈妈回来后看到他没有写作业，开始训他。中午饭就在家长对孩子的训斥中度过。下午，爸爸上班去了，妈妈在家里监督李同学学习。李同学一会儿吃东西，一会儿喝水，一会儿上厕所，就是不专心写作业。在妈妈的嘟囔声中，李同学的情绪崩溃了，与妈妈发生了激烈的争执。晚上，爸爸回来了，在爸爸的吵与打之中，李同学坐在桌子前发呆。就这样，一个暑假过去了！李同学没有高质量完成作业，没有学习到任何特长，天天生活在焦虑的家庭氛围中。就在临开学的前一天，李同学还在熬夜补作业。开学第一天，李同学家长说："我家'神兽'终于上学了！"李同学在一片仓促和狼狈中开始了新学期的学习。

第一环节　一样的暑假，不一样的生活

1. 聊聊我们家的暑假

师：亲爱的家长，一样的暑假，不同的家庭有不同的度过方式。请您和孩子一起谈谈你们家以前的暑假是怎么度过的？

（1）以家庭为单位，孩子和家长聊聊以前曾经度过的暑假。

（2）以小组为单位，互相说说各自的家庭是怎么度过暑假的。

2. 我懂你吗？你懂我吗？

（1）提前拿出设计好的亲子交流互动彩纸，让家长填写。

（2）现场互动交流，让家长拿出孩子们提前写好的个人交流卡。

（3）最后把亲子交流互动彩纸拼到一起，看看亲子认知之间的差别。

师：家长朋友们，咱们五年级的学生、十一二岁的孩子，即将迎来青春期，他们有对这个世界主动探索的欲望，他们喜欢做一些自己感兴趣的事情。但是，他们也会抵挡不住周围环境对他们的诱惑和吸引；他们愿意规划自己的生活与学习，也会轻易让自己薄弱的意志力占上风；他们每个人都想让自己变得更好，当然也会在不经意间遇到那个更差的自己。

过渡：当孩子们困惑时，当孩子们苦恼时，当孩子们迷茫时，当孩子们不知所措时，当孩子们意志力薄弱时，他们不愿意看到那个"张牙舞爪"的爸爸或者妈妈。此刻，他们最需要的是你们建立在爱的基础上的陪伴、科学

的生活学习指导，以及充满激励的监督与鼓励。暑假，是你们和孩子朝夕相处的黄金亲子时间，用积极的态度与方法陪伴孩子成长，你们一定会收获精彩的自己和孩子。

设计意图 任何一次能触动家长心弦的家长会都应该是建立在家长与孩子充分而饱满的情感体验基础上的。所以，此次家长会开始之初，教师就进行了充分的沉浸式情感体验与铺垫。教师指导家长和孩子抛开矜持，积极参与，在愉悦的氛围中，抛出此次家长会的核心问题。

第二环节　一样的暑假，不一样的规划

1. 暑假因指导而更加合理

师：每一个暑假我们都有学校层面和班级层面的假期设计指导，下面我们共同来看一下学校发出的暑假指导：

1.“共学有字书”暑期亲子体验活动。暑假的“有字书”内容有：各科老师布置的暑假书面作业，如语文老师布置的每日课外阅读作业，每日进行的练字、摘抄、书写等作业。

2.“共学无字书”暑假亲子体验活动。此项活动包括三个方面：

一是亲子居家综合实践活动。学会制定假期目标：夏季衣服自己洗、鞋子自己刷、房间自己收拾等。主动分担家务：学做饭、炒菜、蒸饭，收拾客厅、厨房、卫生间等。积极锻炼身体：每天坚持运动一小时，如打篮球、踢足球、跑步、跳绳等。

二是社会综合实践活动。参与劳动实践：为社区清理小广告、保持公共活动场所设施设备的卫生等。热心志愿服务：和爸爸妈妈体验文明志愿服务、交通志愿者工作、公园清洁工工作等。

三是研学旅行活动。体现教育性原则：选择有益于孩子涨知识的研学地点和路线，提前做好研学攻略、研学经费预算、研学安全预判。体现实践性原则：引导孩子走出家庭，亲近自然，拓展视野，丰富知识，了解社会，参

与体验，切忌家长强行输入和全程包办。体现教育的延展性：孩子与家长一起做攻略，全程参与到研学旅行的设计、策划和实际活动中，同时，养成全程写随笔、写心得、写感悟的好习惯。

2. 暑假因设计而更加精彩

师：亲爱的家长朋友们，没有一个暑假是不用设计、不用坚持就能产生意想不到的教育效果的。暑假因设计而精彩，暑假因坚持而出彩。刚才我带领着大家了解了学校给予孩子们的暑假设计指导。家长朋友们，结合各自家庭的实际情况，你们会帮助孩子进行暑假设计吗？你们设计的暑假计划合理吗？五年级升六年级的这个暑假，你们和孩子该怎么度过呢？

（PPT 出示暑假安排范例）

项目	小红的安排	小明的安排
作息	和上学的作息时间一样。	想几点钟起床就几点钟起床。
规划	在老师布置的暑假学习任务的基础上，结合自己暑假的学习项目，列出了暑假规划表，并严格执行完成。	没有做过规划，老师布置的作业想写就写，不想写就停几天。见缝插针地玩一玩。
学习	在完成老师布置的暑假任务后，学有余力地提前预习六年级的一部分课程。	卡着点完成老师布置的学习任务。
特长	学习了书法和轮滑。	好不容易到假期了，学什么学，玩就行了。
研学	去江西旅游，提前做好了旅游攻略，回来以后写了好几篇旅游心得。	去武汉旅游，每天吃吃喝喝、拍了一堆照片。

项目	小红家长的安排	小明家长的安排
作息	为了帮助孩子养成良好的作息习惯，陪着孩子按时作息。	孩子好不容易放假了，家长抓紧时间睡懒觉。
规划	帮助孩子把计划做得更合理。	孩子学习是孩子自己的事情，家长一点儿也不看。

续表

项目	小红家长的安排	小明家长的安排
学习	暑假是难得的综合学习的时机，对孩子进行学习指导很有必要。尤其是孩子即将升入六年级，家长更要对孩子多一些关心。	把老师布置的作业完成就行了！完不成家长就训孩子。
特长	德智体美劳全面发展，才是孩子最好的成长。家长要多多支持！	还得花钱，还不如孩子在家看电视呢！
研学	帮助孩子提前做好攻略，让孩子走进大自然、走进社会去学知识。	带着孩子换个地方吃吃喝喝、拍拍照就行了。

师：家长朋友们，以上是小红和小明的暑假安排，你们觉得谁的家长陪伴得合理呢？合理在哪儿呢？

家长们自由发言。

师：你们想做哪个家长（或孩子）呢？

学生和家长进行选择。

在直观的表格、轻松的谈话氛围中，家长不难做出自己的选择，他们都希望自己的孩子是“小红”。情感基础有了，就可顺利进入到下一个环节。

3. 暑假因创意而更加精彩

教师现场发放纸质版暑假安排规划书，指导家长现场进行初步规划，初步写出暑假安排规划。

温馨提示

家长会结束后，家长把规划书带回家，与孩子进行再一次的探讨，如果有新的变化和变动，可以在第二张暑假规划表上进行更改。

设计意图 该环节让家长自然而然接受并认可暑假安排规划的必要性。教师指导家长从理论认知、专业规划到现场设计三个环节，沉浸式体验暑假设计的全过程。

第三环节　一样的暑假，不一样的坚持

1. 观看情景剧

师：我们知道了暑假规划的重要性，也知道了如何设计精彩的暑假内容。但是，任何一项制度的制定，最重要的就是坚持。我们该如何坚持完成我们的暑假计划呢？请大家来看一组家庭情景剧表演。

第三组家庭表演：

王同学和家长在暑假之前，就对暑假进行了精心设计。暑假开始了，王同学和家长非常开心地度过了几天。然而，随着时间的流逝，王同学逐渐不遵守暑假既定的计划：不按时起床、吃饭，上午做好的计划没有完成，中午不睡觉、不写作业，下午原定的活动内容也因为看电视而没有完成。刚开始几天还能补过来，后面就干脆放弃了！

2. 一起见证坚持的魅力

师：美好的暑假生活期盼 + 精彩的暑假设计 + 没有持之以恒的坚持 = 没有任何意义的暑假。那么我们该怎样让自己的假期切实成为实施起来有效果、坚持下来有成果的暑假呢？对！在这里有一个核心词“坚持”。但是，60 来天一如既往的坚持，不仅仅是一个口号，更重要的是结合自己的实际情况，有计划地制订出实施方案。并且，充分发挥“孩子自主、家长助力”的监督模式，让精彩的暑假设计发挥出应有的精彩，让我们的孩子在暑假里收获一个精彩的自己。凡是按照自己制订的暑假计划完成任务的学生，开学后，我们会颁发“自律小达人”奖状。

设计意图

该环节再次用情景再现的形式，把暑假设计执行中的困难展示出来，激发家长们对孩子执行暑假计划进行监督的欲望，实现了执行暑假计划“学生自主、家长助力”的良好模式。

会议总结

会议之前的问卷调查、会议中情景剧的沉浸式体验，以及对表格的直观分析，让家长在家长会上深刻地认识到科学规划暑假的重要性，并学会了科学帮助孩子规划暑假的方法。

会议延展

（1）暑假之初，进行“60 天的精彩，我来了！”学生暑假设计秀线上展示活动，即利用班级微信群，展示优秀的暑假设计文案。

（2）暑假中间，进行“60 天的精彩，你坚持了吗？”学生阶段性暑假收获汇报会，即利用班级微信群，开展因坚持而产生的阶段性暑假收获汇报会。

（3）开学以后，在班级内利用班会时间开展“60 天的精彩，在自己的手中！”暑假设计成果分享展示会。

（河南省濮阳市第六中学　刘林华）

21. 亲子沟通：——一把换位思考的金钥匙

背景分析

《中华人民共和国家庭教育促进法》明确了家庭教育的法律地位，父母应该树立家长是孩子第一任老师的责任意识。六年级孩子刚步入“青春叛逆期”，处于生理和心理发展的关键期，特别需要父母的关心、理解和引导。但父母要么忙于工作，无暇顾及孩子；要么不会跟孩子沟通，关系剑拔弩张；要么认为“儿孙自有儿孙福”，不用沟通……亲子关系不和谐，部分孩子厌学、逃学，令人痛心。

作为教师，我们责无旁贷。我们希望及时帮助家长提升亲子沟通能力，为他们送锦囊妙计，解燃眉之急；助力亲子有效沟通，平等交流，建立和谐的关系。

本次家长会参与对象是六年级学生家长，时间是六年级上学期 9 月份。

会议目标

目标	家长	学生
知识层面	了解和孩子换位思考的具体方法。	认识到与父母良性沟通的方式是换位思考。

续表

目标	家长	学生
能力层面	逐步减少与孩子的冲突，学会用换位思考的方式与孩子进行有效沟通。	学会理解父母、尊重父母，能用换位思考的方式表达自己的需求和感受。
态度层面	愿意接纳并尊重孩子的差异，在理解的基础上换位思考，进行沟通。	愿意与父母换位思考。

会议准备

1. 材料准备

打印三个备选案例，为每个家庭准备一本家校沟通记录本。

2. 环境准备

布置教室，将桌椅分组摆成圆桌会议的形式。

3. 其他准备

（1）在家长中开展亲子沟通的问卷调查。

（2）收集照片（学生儿时照片、近期家庭亲子合照各一张），制作影集《亲亲我的宝贝》，准备背景音乐《亲亲我的宝贝》。

（3）安排高矮两名学生排练小品《我和爸爸换角色》。

（4）利用微信小程序“接龙管家”提前设计亲子沟通问题清单。

（5）提前录制“学生心声”的视频，让学生倾诉感恩之情和改变的决心。

（6）教师阅读《正面管教》等图书。

调查问卷

亲爱的家长，孩子升入六年级，进入“青春叛逆期”。您平常和孩子沟通时是否感到焦虑、无助、迷茫……为了帮助您与孩子进行有效沟通，特邀请您做问卷调查，请如实填写。此问卷对外绝对保密。

1. 在日常生活中，您和孩子的沟通状况如何？

A. 无话不谈　　B. 基本可以沟通

C. 不好沟通，还在尝试　　D. 无法沟通，放弃了

2. 如果您和孩子的沟通不太顺畅，您认为问题可能出在哪里？（多选）

A. 孩子的学习不够理想　　B. 孩子沉溺于电脑、手机游戏

C. 孩子和父母处处作对　　D. 孩子不体谅父母

3. 您理想中的亲子沟通状态是什么样的？

A. 孩子自信独立，学习、生活积极向上，基本不需要沟通

B. 孩子虽然不太努力，但懂事听话，沟通有效

C. 孩子能接受家长的一部分建议，沟通效果还不错

D. 孩子主动与家长沟通遇到的问题，有的放矢，沟通良好

4. 结合曾经的或现在的经历，您是否想过是什么因素造成了亲子间无法沟通？

A. 不用思考，肯定是孩子的原因　　B. 简单想了想，就是孩子的原因

C. 思考过，但是不知道究竟谁的原因　　D. 认真思考过，两方面都有原因

E. 深思熟虑后，主要是家长的原因

5. 作为家长，您懂得如何与孩子沟通吗？

A. 懂　　B. 不懂　　C. 需要网络查询　　D. 感到迷茫，需要帮助

6. 作为家长，在亲子沟通方面您做了哪些努力？（多选）

A. 调整自己的心态　　B. 调整孩子的情绪　　C. 在孩子学习方面提供帮助

D. 没有好方法，只好多陪伴　　E. 其他

7. 作为家长，您在亲子沟通方面有哪些困惑？您需要什么样的帮助？请告诉我们，我们会尽力为您提供指导和建议！

会议过程

利用家长会开始之前的时间，播放影集《亲亲我的宝贝》，为会议做好

温情铺垫。

师：尊敬的各位家长朋友，大家好！刚才大家一起欣赏了《亲亲我的宝贝》。孩子从牙牙学语到如今，凝聚了我们多少的心血呀！这足以证明我们在孩子的成长中起着至关重要的作用。人们常说，“家长是孩子的第一任老师”，但是您在日常与孩子交流沟通的时候，或多或少会遇到一些问题。今天，让我们一起走进“一把换位思考的金钥匙”主题家长会！

第一环节　入情——互相理解

1. 讲:《大人的世界全是腿》

师：在家庭亲子沟通中遇到的一些问题，从家长的角度来讲，大多是孩子的问题。真的是这样吗？接下来，我先给大家分享一个故事《大人的世界全是腿》。

（PPT 出示）

一位母亲喜欢带着 5 岁的女儿逛商场，女儿却总是不愿意去。母亲觉得很奇怪，商场里有好吃的、好看的，琳琅满目，女儿为什么不喜欢逛商场呢？直到有一天逛商场时，女儿的鞋带开了，母亲蹲下身子为孩子系鞋带，突然发现一种从未见过的景象——眼前晃动着的全是成人的屁股和大腿。于是，她抱起孩子，快步走出商场。从此，她不再强迫孩子去了，即使去也总是抱着孩子。

家长们分组讨论，畅所欲言，谈自己的体会。

预设：太令我震惊了，琳琅满目的商场在孩子的眼中竟然全是大人的腿。我从未尝试过蹲下来从孩子的视角看，怪不得孩子哭闹不止呢。一直认为自己是理解孩子的，今天我很惭愧！

师：在啼笑皆非的情节中，家长们感受到亲子沟通中，父母并不会换位思考。

2. 演：《我和爸爸换角色》

师： 幽默的故事给大家带来了一些思考，下面请欣赏由两位同学带来的小品《我和爸爸换角色》，它展现了我们真实的家庭生活。

老师家访，要求父亲和孩子变换角色，在体验中发生了许多啼笑皆非的事情，让父亲从儿子的模仿中发现自己的不足。

师： 面对无法回避的成绩问题，换完角色后，作为家长的您有哪些思考呢？

现场采访家长，让家长谈一谈观看体会。在交流中教师引导家长关注自己育儿中的问题。

预设： 家长说开怀大笑的同时，也从孩子的视角尝试来看自己。

过渡： 家长朋友们，你们思考过亲子沟通不畅中也有我们自己的因素吗？“大人们为什么从来都不挑食呢？因为他们都买自己最爱吃的食物。”通过今天的学习，你们就能站在孩子的角度思考问题了。

设计意图 从幽默的故事入手，引起家长思考——家长与孩子思考问题的角度不同。然后，在小品中找到自己日常的影子，对号入座。

第二环节 入境——设身处地

师： 其实解决问题的密钥就是与孩子换位思考。下面让我们做个游戏互动一下吧。

1. “人”字形游戏

师： 请今天到场的所有家长一起和我做个游戏。请大家伸出双手，用自己的双手摆出一个“人”字并举起来让我看一看。大家保持动作一分钟。

师： 大部分家长都会从自己的观察角度去摆“人”字，这是人的常识判断，但是从我的角度看到的都是“入”字。极个别家长会从我的角度思考问题，所以从他们自己的角度看，摆出的是‘入’字，但是我看到的是“人”字。

2. 面对面体验

教师挑选出两位分别摆“入”字和“人”字的家长进行现场互动。

师：从我的角度看到了两种不同的情况，为了让大家也能发现问题所在，我请两位家长代表到讲台上展示，看大家的发现和我的一样吗。请大家说说自己的理解。

预设：

（1）我以为自己摆的就是“人”字呀，因为我是从自己的角度考虑的，以为自己看到的就是大家看到的，看来是掩耳盗铃了！

（2）我考虑到了老师是在我的对面，所以就以对面人的角度来比划，摆了一个“入”字。

（3）我和站在台下的家长们都发现了问题所在——只考虑自己是不行的。

师：是呀，在这个游戏中大家懂得了换位思考的重要性，学会了从自己的角度去改变。

设计意图 本环节通过现场的展示互动，引导家长明白换位思考的重要性。家长只从自己的角度看问题，往往会南辕北辙，应尝试学习换位思考的方法来思考、解决问题。

第三环节　入问——对比归纳

师：家长朋友们，从调查问卷中可以看出，大家面临的亲子沟通问题不少。为了更好地解决这些问题，我们做一个小调查。请大家认真思考，并在微信群填写亲子沟通问题清单调查表。

1. 家长问题清单

（PPT 出示）

亲子沟通问题清单（父母版）

1. 您认为家庭的亲子沟通焦虑指数是：________（请填数字，从 10 到 1 表示焦虑程度由重到轻）

10	9	8	7	6	5	4	3	2	1
非常焦虑				有些焦虑					不焦虑

2. 在您的家庭亲子沟通中，亟待解决的三个主要问题是：

①（　　　　　）②（　　　　　）③（　　　　　）

预设： 集中反映的问题有学习成绩、学习习惯、生活习惯。

师： 每个家庭不同，孩子的性格不同，面对的问题五花八门，却又都指向了学习成绩、学习习惯和生活习惯。

2. 孩子问题清单

师： 会议前，我对孩子们也做了一次问卷调查，您能猜到孩子们反映的问题集中在哪里吗？

请家长从抽屉里取出孩子的问题清单，看看家长和孩子的关注点是否一样。

预设：

（1）太出乎意料了，孩子和我的关注点截然不同。我一直以为他没有什么观点，原来都是屈从于我。看来我们家长太自以为是了。

（2）我跟孩子的想法比较像，我们想到一起了。

师： 大部分家长谈到“出乎意料”，孩子的关注点和自己的完全不同；个别家长谈到比较相似，与孩子想到一起了。

（PPT 出示）

集中反映的问题：（1）仅仅关注成绩；（2）不太尊重自己，关系不平等；（3）除学习外，亲子沟通较少。

过渡：“心有灵犀一点通。”如家长和孩子的回答相近，说明家长擅于换位思考，真正关心和了解孩子；如相差较大，就需要我们思考自己的教育方法，尝试换位思考了。

设计意图 从征集的家长问题清单，引出孩子们的问题清单，提示父母们要换位思考，从孩子的角度思考问题，再次审视自己的家庭教育。

第四环节　入法——正面管教

1. 不良行为重审视

师：《正面管教》一书中说：“当我们重新看待不良行为，不再把责任感等同于责难或羞辱时，其结果对孩子和大人就都是令人鼓舞的。如果你把责任感看成是一种解放——某种基于你知道自己想改变就能改变的事情——而不是负疚，你就能做得更好。当你认识到你的孩子或学生的不良行为中你也有份时，你就能知道该怎样改变你的行为，进而帮助孩子改变他的行为。”拥有读懂孩子的“读心术”后换位思考，您就会做出和善与坚定并行的科学合理的正面管教。下面我们根据以下表格解答自己的问题吧！

（PPT 出示）

孩子的目的	家长的感觉	家长想采取的行动	孩子的回应	孩子行为背后的信念	家长主动地、鼓励性地回应
寻求过度关注（操纵别人为自己奔忙）。	心烦、愤怒、着急、愧疚。	提醒、哄劝，替孩子做他会做的事。	暂停片刻，但很快又回到老样子。	唯有得到特别关注，才有归属感。	让孩子参与一个有用的任务，转移孩子行为。

续表

孩子的目的	家长的感觉	家长想采取的行动	孩子的回应	孩子行为背后的信念	家长主动地、鼓励性地回应
寻求权力（自己说了算）。	被激怒，受到了挑战、威胁，被击败。	应战或投降。心想：“瞧我怎么收拾你！”	变本加厉或屈从但内心不服；看家长生气，感觉自己赢了。	“你制服不了我。唯有我来控制，我才有归属感。”	不能强迫孩子，而是请求孩子帮助。既不开战也不投降，而是让自己静下来。不说只做。
报复（以牙还牙）。	受伤、失望、难以置信、憎恶。	反击、以牙还牙。心想：“你怎么能这样对我？”	反击，伤害别人、毁坏东西，以牙还牙。	“我没有归属感，受到伤害就要以牙还牙。我反正没人疼。”	“你的行为告诉我，你一定觉得受到了伤害，能和我谈谈吗？”不惩罚，鼓励长处。
自暴自弃（放弃，且不愿别人介入）。	绝望、无助、无望、无能为力。	放弃或替孩子做，过度帮助。	更加退避，消极，毫无改进、毫无响应。	“我要让别人知道不能对我寄予任何希望。既然我怎么都做不好，也就不用努力了。”	表达对孩子的信任。小步前进，停止批评，鼓励一点点积极的努力。关注优点，不放弃。

师：再回过头来看看您的清单吧！孩子属于哪一种情形？您该如何去做呢？

给家长足够的时间去对照表格解决问题，从而具备举一反三的能力，解决其他沟通中遇到的问题。

2. 正面管教巧解答

师：亲爱的家长朋友们，我们的孩子正处在“青春叛逆期”，你们懂得怎样和他们沟通、交流吗？学以致用，把你们学到的应用到生活中吧。

（PPT 出示）

《正面管教》是一本很好的家庭教育书。

请家长关注书中解决问题的“3R1H”原则：

1. 相关（Related）。

2. 尊重（Respectful）。

3. 合理（Reasonable）。

4. 有帮助（Helpful）。

温馨提示

本原则强调的是帮助孩子学会解决问题，而不是为问题付出代价（通过惩罚）。

师： 请家长分组后随机抽取案例，运用“3R1H”原则，换位思考来解决吧。

案例：

（1）当孩子晚上回家晚了，超过了规定的时间，您会怎么办？

（2）当孩子玩篮球时打破了别人家的窗户，您会怎么处理？

（3）当孩子考试没有达到预定目标时，您会怎么办？

家长讨论，展示和分析观点。

师： 第一个案例建议您先换位思考：孩子或许真的忘记了时间，所以您让孩子先平静，第二天与孩子一起找到尊重双方的解决方案，比如本周晚上不允许独自外出，或者告诉孩子自己的担心，表示偶发事件可以原谅。

第二个案例建议换位思考：您知道孩子是无意的，解决问题的办法是你们一起修好玻璃（所需材料用孩子的零用钱来购买）。只要您不责备孩子，并且把错误看作学习的机会，问题就能得到圆满解决。

关于第三个案例，您也曾经是学生，也曾被父母期待考出理想成绩，但是努力不一定有收获。所以，您可以先给孩子一段冷静期，反思原因，然后在相互尊重的前提下，与孩子一起分析原因：是因为没有认真检查，还是知识有断层？找到原因后共同商议解决方案。如果孩子迫切需要帮助，家长就鼎力支持——培养习惯、补充知识；如果孩子意愿不强烈，家长就用宽容的心态逐步给孩子一些合理化建议。

过渡：孩子的行为习惯多是在我们的家庭教育中逐渐养成的，只要我们家长开始学习，学会换位思考，提升沟通能力，丰富育儿方法，坚定而和善，定会做一个正面管教的好家长。

设计意图 指导家长运用正面管教的方法，从实例出发，解决亲子沟通的问题，并且触类旁通，具备解决其他问题的能力。

第五环节　入心——助力成长

1. 学生心声

师：当我们的孩子知道家长要参加本次家长会，尝试学习换位思考时，他们内心很激动，表达了自己的心声。（播放“学生心声”）

2. 父母的改变

师：孩子们已经做出承诺。为了给孩子营造一个更好的家庭环境，真诚地沟通交流，作为家长，您可以做哪些改变呢？请家长思考后，将您的想法郑重地写在家校沟通记录本上。

我学会了换位思考		
错误做法	我所学到的	我今后的做法

师：己所不欲，勿施于人。懂得换位思考的家长们，相信你们会从今天

开始做出改变。毋庸置疑，你们越体谅、尊重孩子，孩子越会朝着你们期待的方向奔跑！

设计意图 在孩子们感恩的铺垫下，鼓励家长做出庄严的承诺，学会换位思考。构建和谐的亲子沟通，从改变自己开始。

会议总结

尊敬的家长朋友们，亲子沟通容易出现问题，一旦失控，必将危害无穷。愿你们拥有走进孩子心灵的密钥，在遇到问题的时候，冷静下来，换位思考，正面管教。其实，我也相信亲子沟通不是问题，因为你们都是最爱孩子的家长，只要能让孩子健康成长，你们一定愿意做出改变。愿大家牢记今天家长会上学到的理论和方法，改变自我，开启亲子沟通的新篇章。

会议延展

（1）利用周末组织一次家庭会议，家长开诚布公地谈收获，做出改变的承诺；孩子谈体会，给反馈。

（2）家长坚持使用家校沟通记录本，记下改变和坚持，每周完成后孩子签字，在班级微信群分享。

（3）两周后请孩子写一篇周记，反馈家长学会换位思考后带来的可喜变化和遇到的新问题，分享给父母。这既是动力，也是督促。

（4）老师利用班级微信群，为家长在亲子沟通中遇到的问题随时答疑解惑。

（5）老师推荐家长阅读《正面管教》等图书。

（河南省洛阳市孟津区第三实验小学　赵晓阳）

22. 情绪调节：玩转情绪，做快乐小孩

背景分析

现代情绪理论把情绪分为快乐、愤怒、悲哀和恐惧四种基本形式。处于小学阶段的孩子心理发育还不成熟，情绪具有不稳定性、冲动性、反复性、难自控性等特点，部分孩子既不会接纳情绪也不会处理情绪。心理学家埃里克森提出人格发展八阶段理论，八个阶段中第四阶段的孩子处于“勤奋对自卑”（Industry VS. Inferiority）时期。该阶段的孩子容易缺乏自信心，产生挫败感，从而派生很多消极情绪，需要及时干预。

本次家长会的参与对象是六年级的学生及其家长，时间为六年级上学期 10 月份。

会议目标

目标	家长	学生
知识层面	了解正确对待情绪对孩子成长的积极意义，了解情绪类型以及产生不同情绪的原因。	了解自己在小学阶段会出现的各种情绪和情绪表现，学习调整情绪的方法。

续表

目标	家长	学生
能力层面	提升接受孩子情绪的能力，掌握科学调节情绪的方法。	学会表达情绪，能够正确地发泄情绪、驾驭情绪；不断优化自己的情绪结构，提升自我调控情绪的能力。
态度层面	努力保持健康乐观的心态。	能用平常心对待不同的情绪。

会议准备

1. 材料准备

准备笔、A4 纸、PPT 课件。

2. 环境准备

会议室或活动室的桌椅摆成圆形，每组五位家长和五位学生。根据班级人数情况，将本次家长会的参会人员分成八个小组。

3. 其他准备

学生提前做好邀请函。

会议过程

家长入场时播放轻松愉悦的音乐，展示 PPT，宣布纪律要求。家长落座后，响起音乐《幸福拍手歌》。

师：亲爱的家长朋友们，现在请大家集中注意力，跟着音乐节奏和我的提示一起来。当你们听到“拍拍手”或“跺跺脚”时，大家一起做出相应的动作。

师：看来大家的心情都不错！那我们再来一次——如果感到幸福你就拍拍手（拍拍手），如果感到幸福你就跺跺脚（跺跺脚）。

过渡：听着这欢声雷动的拍手声和跺脚声，心情也会跟着变得更好！然而，平日里我们不是只有愉快的情绪，也会有别的情绪。那么，不同的情绪对我们的成长和生活有什么影响呢？让我们走进今天的家长会。

设计意图 情绪是一个较抽象的概念，并不是每位家长都会向孩子认真介绍情绪。开场用活泼欢快的歌声破冰，使家长感受到积极的情绪，然后引导大家思考并尝试捕捉自己和孩子平时所体验的情绪。

第一环节　制作“情绪脸谱”——解锁情绪

1. 各种各样的情绪

师：亲爱的家长朋友们，有一句这样的话让我印象深刻，“只要我的孩子健康快乐就行了”。实际上，伴随孩子成长的不只有快乐这一种情绪，还有愤怒、紧张等多样化的情绪。众所周知，喜怒哀乐源于心形于色！今天，我们就借此机会，和“情绪”打个招呼吧！

（PPT 出示）

制作“情绪脸谱”，时间 5 分钟。

活动介绍：教师展示微信聊天表情包—发放 A4 纸—每个学生抽取一张 A4 纸—在纸张的一面简单画上一笔或几笔（可参考教师展示的表情包），用来表示自己最喜欢（或最想拥有）的情绪；在另一面写上自己近期实际产生（或最想表达）的 1 ～ 2 种情绪，并说明缘由。

师：家长代表或学生代表分享“情绪脸谱”，分享时请依照该句式：我最喜欢（或最想拥有）的情绪是……我近期实际上产生（或最想表达）的情绪是……因为……

师：听完小组代表的分享，哪位家长来总结一下，孩子们更喜欢什么样的情绪？

预设：从总体上来看，孩子们更喜欢开心、惊喜、感动这类积极情绪。

师：那么实际上孩子们产生了哪些情绪呢？

预设：因为遇上各种各样的人或事，孩子们也会产生紧张、悲伤、自卑等消极情绪。

师：请大家重新观察并积极思考。虽然多数人在A4纸正面写了自己喜欢的是积极情绪，但在实际生活中他们也有消极的情绪。当孩子的消极情绪累积过多时，会给他们的成长带来诸多不良影响。请看大屏幕。

（PPT出示）

生理	1. 过度的消极情绪，会影响肠胃运动，影响正常的消化机能。 2. 情绪低落或过于紧张的人，易患各种疾病。 3. 长期处于负面情绪状态，易影响大脑发育，不利于孩子注意力的集中。
心理	1. 消极情绪会给人带来负面暗示，让人感到恐惧、焦虑，或是悲伤。 2. 在消极情绪状态下，人的思考能力和行动能力会弱化，同时判断力下降，易让孩子陷入自责、内疚的恶性循环。
其他	情绪会传染，不良情绪易伤害身边的人。小学阶段孩子的不良情绪产生的影响主要表现为关系处理障碍、亲子关系僵化、不善于表达和沟通等。

师：家长们，从该表格中我们了解到，消极情绪会给孩子的成长带来诸多不利的影响。接下来，我想进一步跟大家探讨有关孩子的消极情绪这个话题。

2. 我们的情绪问题

师：根据本班实际情况，再结合埃里克森提出的人格发展八阶段理论来分析，我班孩子的成长过程也基本符合这一理论，12岁左右的孩子们处于“勤奋对自卑”的冲突阶段。如果该阶段的情绪问题能得到充分解决，他们就能收获到丰富的社会技能和认知技能；否则，他们很容易变得缺乏自信心，产生失败感，从而派生出很多其他方面的消极情绪，倘若处理不好，会进入一个恶性循环。除此之外，处于青春期临界期的孩子，也会出现一些青春期的情绪迹象——因为沟通和表达问题，自己会产生诸多负面情绪。比如，某某同学的情绪故事里就提到了无法和父母好好沟通的问题——由于总是和父母闹各种小情绪，所以经常感到十分难过。

过渡： 当我们清楚了解孩子的情绪问题后，该如何解决这些问题是我们要重点关注的。接下来，让我们一起穿越“情绪世界”去寻找答案吧！

设计意图 有人说：“你的世界我不懂。”也有人说：“我尝试着感同身受并走进你的世界。”让家长现场感受孩子最真实的情绪世界，帮助家长更好地了解孩子的心声。

第二环节　穿越“情绪世界”——悦纳情绪

1. 获“表情”助穿越之旅

师： 请看 PPT 出示的内容。请家长和孩子认真填空，完成“情绪穿越之旅”。

（出示 PPT）

事件	情绪
最亲的人离世。	产生了（　）情绪
经过一个学期的努力，终于取得优秀的成绩。	产生了（　）情绪
在路上看到以多欺少、强者欺负弱者的现象。	产生了（　）情绪
亲朋好友用心为自己过生日。	产生了（　）情绪

2. 现场“情绪拍卖”

师： 若把情绪分成消极情绪和积极情绪，现在已经体验完情绪世界的你最想舍弃哪一种情绪呢？如果大家把第一种情绪卖给我，从今往后就不再有悲伤的情绪了，成为一个“冷血动物”，这样真的可以吗？

预设： 家长和学生表示不卖，如果最亲的人真的离开了，怎能不悲伤呢？

师：那把第四种情绪卖给我呢？以后你就没有幸福的情绪了，这样可以吗？

预设：家长和学生表示不可以，希望自己可以幸福地生活。

过渡：亲爱的家长们、孩子们，首先请学会接纳自己的情绪。情绪本无好坏之分，不论是喜怒还是哀乐，都是情绪里的一部分。现在的我们已经成功迈出了第一步，但还需要大家继续前行。

设计意图 情绪是一个万花筒，只有先带家长和孩子走进去瞧一瞧，形成一定的正确认识，才能更好地从情绪“魔咒”中走出来。

第三环节　成为“情绪化妆师”——调控情绪

1.“我可以”情绪能量场

师：时常给予自身正向暗示，主动汲取他人的积极能量，这样可以有效调节个人的情绪。接下来，让我们掌声有请三位学生代表为大家带来朗诵表演。（播放背景纯音乐《怒放的生命》，PPT 显示歌词。）

师：谢谢三位同学的精彩朗诵！这段朗诵的文字是歌曲《怒放的生命》的歌词。听完这段朗诵，哪位同学分享一下自己的感受？

预设：我感觉自己仿佛置身于一望无际的大草原，看着一丛丛野草在土地上顽强生长，一簇簇野花在远坡上肆意绽放。此时此刻，我觉得自己也被这种积极的情绪给感染了，特别想成为一个积极向上、坚强勇敢的人。

师：感谢这位同学的分享。请问这位家长，您觉得如果生命想要怒放，积极的力量重不重要呢？

预设：非常重要，积极的力量能让人战胜困境。

师：好，刚才只是个暖场活动。现在请全体家长和孩子起立！请家长和孩子面对面站立，各位家长用真诚的眼神看着自己的孩子，然后用洪亮的声音对孩子连续说三次：“你是最棒的！”

师：接下来，请所有人右手握拳放在左胸前听我口令，当我说完“面对困难你可不可以战胜”，大家一起说三次：“我可以！”预备，起！

师： 大家请坐。看着大家都面带笑容，我想是因为每个人心中都有了些许收获。就请家长来说说自己的感受吧。

预设：

（1）老实说，像今天这样夸孩子，我还是头一次，多少会觉得有点不好意思。但以后我一定会多多夸赞自家小孩，希望能帮助他增强自信心。

（2）说得我自己都很激动，看来还是要多一点正能量呀。

师： 谢谢两位家长的分享。孩子们，爸爸妈妈这般肯定你们，此时此刻，你们的心情如何？

预设： 有点激动，还有点开心。

师： 亲爱的家长们，若给孩子一个“丑小鸭”的暗示，他可能就会觉得自己是丑小鸭，从而垂头丧气；但如果给的是一个“白天鹅”的暗示，那孩子可能会觉得自己就是白天鹅，或者他会努力让自己变成白天鹅，从而越来越自信，越来越优秀。因此，在生活中我们应当多给孩子一些积极暗示。

2.“我表达”情绪公式

师： 正所谓“堵”不如“疏”。有些情绪、有些话只有表达出来，才能减少消极情绪的产生。说话有技巧，表达有公式。“我表达”情绪公式如下。

（PPT 出示）

我感到 + 情绪词汇
是因为 + 客观事件
我希望 + 内心需求

举例 1：我感到很快乐，是因为我今天上班没有堵车，我希望明天也不要堵车。

举例 2：我感到很愤怒，是因为有人没经过我同意就吃了我的零食，我希望他下次可以先询问我，得到同意再吃我的零食。

师： 现场练习 2 分钟。

运用“我表达”情绪公式，教师组织孩子和家长进行双向表达。

师： 运用这样的表达方式，家长感觉怎么样呢?

预设：

（1）我能清晰地感知孩子的情绪和需求，这样的话，作为家长就知道应该如何去处理问题。

（2）通过这样的表达方式，我好像没那么容易生气。

师： 运用这样的表达方式，孩子们感觉怎么样呢?

预设： 孩子们表示用这个公式好像能更轻松地表达想法，也能和爸爸妈妈说得更清楚。说完之后也会很放松，没什么压力。

3.“我修炼”情绪达人

师： 历经“九九八十一难”，一路“过五关，斩六将”，总有适合自己的方法。成长之路可能是一片坦途，阳光明媚；但也可能是一片泥泞，荆棘丛生。我想有些家长肯定也有自己的独家秘笈来处理孩子的情绪问题。接下来给大家 5 分钟时间来自由分享。

师： 根据大家的讨论，在这里我替大家总结了八个比较实用的方法。

（PPT 出示）

1. 努力法：当自己的能力无法匹配内心的欲望时，会产生一些落差。为了减少这种落差带来的消极情绪，我们要不停地进步让自己变得更加优秀。

2. 调整动机法：著名的耶克斯–多德森定律（Yerkes-Dodson Law）表明：动机处于适宜强度时，工作效率最佳，心情也更放松。

3. 注意力转移法：当出现不好的情绪时，要转移自己的注意力，选择不去关注当前让自己不舒服的事情，可以适当地看电视、听音乐、写字、看书、侍弄花草，或者想一些让自己快乐的事情等。

4. 合理宣泄法：说——适当倾诉；喊——把不愉快大声释放出去；动——做自己喜欢的运动、搞卫生等；哭——不需要刻意压抑自己的情绪，可以独自哭泣或在亲朋好友身边哭泣。

5. 冷却法：当消极情绪涌上心头，闭上眼睛，放空大脑，让自己慢慢地安静下来，等待消极情绪慢慢消退。

6. 运动（劳动）法：做简单的有氧运动，让自己换一个活动场景，以此让情绪渐淡，来降低消极情绪的影响。

7. 睡眠法：很多心理学专家认为，充沛的精力能够有效抵制压力给人带来的困扰。保证充足的睡眠更能让人心情愉悦，产生积极的情绪。

8. 数颜色法：美国心理学家费尔德提出了一种控制情绪的有效方法，即“数颜色法”。当你想要发脾气时，先暂停手中的工作，找个空闲的地方。首先环顾四周的景物，然后在心中自言自语：那是一扇黄色的门，这是一面白色的墙壁，那是一张蓝色的沙发，这是一盆绿色的植物。数 30 秒左右。

过渡：亲爱的家长朋友们，帮助孩子培养良好的心态，是一个漫长的过程，这需要我们持续关注和支持。

设计意图 本环节通过分享三类方法，让家长能够有所收获，使家长更加愿意多花时间去关注孩子的成长。

第四环节　跟踪“我的情绪”

1. 唱响“情绪之歌”

师：音乐有着神奇的力量，如春雨一般润物无声。请大家在回家后选择一首歌曲作为自己的“情绪之歌”，分享到班级群里。之后我们会组织轮流演唱活动。

2. 谱写“情绪之诗”

师：人生如诗，贵在发乎真情。君可见，陆游绝笔诗中的“但悲不见九州同”，写满遗憾；君可见，李白《将进酒》中的“人生得意须尽欢”，尽显洒脱；君可见，李清照《声声慢》中的“凄凄惨惨戚戚”，落尽悲愁……我们的“情绪之诗”要由自己来写！届时，大家的“情绪之诗”会在班级的公示栏进行展示。

请学生们在“情绪之歌”和“情绪之诗”中二选一完成。

3. 同进退，共成长

师：家长和孩子一起努力，事半功倍！

（PPT 出示）

（1）换位思考——相互尊重理解，深刻认识“己所不欲，勿施于人”的道理。

（2）学会放手——拒绝包办教育，以及过分干涉孩子的生活和学习。

（3）进退有度——主动营造既民主又权威的家庭氛围。

（4）放下身段——少用命令的方式与孩子相处，家长也要学会说“谢谢”和“对不起”这样的礼貌用语。

（5）做好榜样——要培养积极乐观的心态并以此感染孩子。

（6）营造氛围——正所谓“家和万事兴”，一个孩子的心态是否“兴”，很大程度上取决于家庭氛围。

（7）接受孩子——请接受孩子好的方面和不好的方面，多鼓励孩子并提供支持。

（8）关注身体——抓好孩子的生活习惯，饮食合理，作息规律。

（9）善于发现——挖掘和培养孩子的兴趣爱好。

（10）温暖港湾——多关心孩子，善于表达爱，让孩子充满安全感。

师： 当我们发现孩子在成长过程中出现情绪问题时，应积极借助各方力量，高效地应对并解决这些问题。

设计意图 情绪，会伴随每个人的一生，对每个人的影响也各不相同。不论是孩子还是家长，都要有认识情绪和解决情绪问题的能力。利用这次家长会向家长介绍一些既常用又易操作的方法，相当于给家长吃了一颗定心丸，让他们有了基本的方向。

会议总结

亲爱的家长朋友们，孩子的成长涉及很多方面。今天我们共同探讨了孩子成长过程中的情绪问题，了解了小学生的情绪特点，并学习了如何有效地解决负面情绪带来的困扰。在未来的日子里，让我们主动学习，携手共进，共同创造更加精彩的明天！

会议延展

对家长进行追踪调查：

（1）本次家长会后，您是否对自己的孩子有了新的认识？（请举例）

（2）您是否想继续学习关于情绪调节方面的知识？

（3）您还希望学校召开哪些方面的家长会？为什么？

（4）对于下次家长会，您有什么建议？请您提出来，方便我们后续进行合理的改进。

（湖南省长沙市湘江新区谷峰小学　张银娜）

23. 分层提质：唱响自信之歌

背景分析

《中华人民共和国家庭教育促进法》明确了父母应当树立“家长是第一任老师”的责任意识。可现状是，有一部分家长有心无力，育儿无方，眼看着孩子在需要自信进步的年龄里，单打独斗，放弃理想……

六年级是小学阶段的关键期。部分学生自信乐观、目标远大，学习蒸蒸日上；部分学生却逐渐有了厌学情绪，或因父母的过度关注而苦不堪言，或因自己的畏难情绪而掉队，或因父母目标过高而望而却步……学生愈发焦虑、自卑，家长们却“回天乏术”。所以，学会多元评价孩子，提升孩子的自信心，显得尤为重要。

本次家长会参与对象是六年级不太自信学生群体的家长们，时间是六年级下学期 5 月份。

会议目标

目标	家长	学生
知识层面	让家长了解提升孩子自信的方法：多元评价 + 合适目标。	知道父母想通过改变，帮自己提升自信。

续表

目标	家长	学生
能力层面	提升理性分析、多元评价孩子的能力，并能制定合理目标帮孩子建立自信。	能正视问题，制定合适目标来扬长避短。
态度层面	愿意接纳孩子差异，肯定孩子的点滴努力。	理性看待自身存在的问题，并积极应对。

会议准备

1. 材料准备

制作和打印育儿烦恼调查表、近期目标卡、连锁塑造培养卡。

2. 环境准备

布置教室，将桌椅摆成小组式。

3. 其他准备

（1）教师阅读《教育中的心理效应》《加德纳 · 艺术 · 多元智能》等图书。

（2）准备歌曲《最近比较烦》、背景音乐《琵琶语》。

（3）开展问卷调查。

调查问卷

亲爱的家长，面对六年级的学生“不温不火”甚至是“不进反退”的学习状态，您是不是有些焦虑，或者有些束手无策。请不要担心，今天，我们将做一个问卷调查，以便更有针对性地帮助您，请您如实填写。请放心，此问卷对外绝对保密。

1. 孩子们一起入学、上学，最初水平都相差不多，可是后天的学习造成了他们的习惯迥异，差距增大。作为家长，您能正视孩子身上存在的后天差异吗？

A. 能　B. 不能　C. 无所谓差异，就是不努力造成的

2.《中华人民共和国家庭教育促进法》明确了家长责无旁贷的教育责任。您是否努力做个合格的家长，真正地关心、了解孩子的学习和生活呢？

A. 了解，每天陪伴、教导

B. 了解，经常唠叨孩子

C. 不太了解，想起来了问一问、批评或表扬一下

D. 不了解，没时间陪伴，顺其自然

3. 日常生活中，您认为自己孩子的学习和生活等习惯怎么样？

A. 习惯较好，孩子有理想，积极向上

B. 习惯还可以，孩子基本上经过督促就好些

C. 习惯不太好，孩子特别固执，我行我素

D. 没有好习惯，对我有抵触情绪

4. 您感觉孩子最近一段时间的状态怎么样？

A. 有压力，适度焦虑，但是能调整到平和状态

B. 压力很大，影响到正常生活

C. 反常，开始放弃，不认真

D. 好像没有什么感觉

5. 您作为家长，懂得怎么帮助孩子减少焦虑，提升自信吗？

A. 懂　　B. 不懂　　C. 自己通过看书、网络检索进行学习

D. 现在迷茫，急需帮助　E. 无所谓，孩子还小，以后自然就好了

6. 作为家长，为提升孩子自信，您做了哪些方面的努力？

A. 调整孩子的心态　B. 关注孩子的饮食

C. 帮助孩子的学习　D. 陪伴孩子　E. 其他

7. 如果我们召开提升自信的家长会，您喜欢什么样的内容和形式？

A. 实用的教育策略分享，亲子共同参与

B. 真实的教育案例解析，家长和老师面对面交流

C. 缓解焦虑和矛盾的游戏、方法，亲子共同参加

D. 兼容以上内容和形式

8. 作为家长，您有哪些方面的困惑？您需要什么样的帮助？请告诉我们，我们会尽力帮助您！

会议过程

师： 各位家长朋友，大家好！我们的孩子正处在小学过渡期——六年级，孩子的学习是否让你们满意呢？日常各方面是否如你们所愿？你们知道该如何用多元评价让孩子重新扬起自信的风帆吗？今天，让我们一起走进“唱响自信之歌”主题的分层提质家长会！

第一环节　最近比较烦——告白之歌

1. 亲家你在哪

师： 网上关于带娃的段子很经典，辅导学习简直成了世纪难题。举一例：妈妈辅导儿子的学业抓狂之后，万般无奈，只好求助未来的“亲家”。

（PPT 出示）

亲爱的未来“亲家”，你好！我儿子有房、有保险、会游泳（各种泳姿都会）、爱画画、玩音乐，年满 18 岁会配车，结婚给房给彩礼包办酒席，礼金全都给孩子，过年去哪家都行。唯一的要求：能不能现在就接走，把作业辅导一下，顺便送一下培训班！毕竟您家女婿有出息，享福的是您家闺女。

师： 博大家一乐的同时，相信大家也有过类似的“心酸”吧。

2. 最近比较烦

播放《最近比较烦》。

师： 亲爱的家长朋友们，日常在家里，你们在教育子女时是否遇到过一些问题呢？你们最近是否也比较烦呢？

（PPT 出示）

我最近比较烦，比较烦，比较烦，
孩子的学习真不让人心安，
每天总想着穿越火线，
威逼利诱用尽我手段。

我最近比较烦，比较烦，比较烦，
孩子进步一名咋就这么难，
辛辛苦苦好话快说完，
答应之后还可以不算？

师：此刻，相信你们会有话说，请把育儿的烦恼写下来吧。

作为家长，近段时间我一直为孩子的习惯、状态而担忧。最大的烦恼是：____________________

（1）我知道该如何对待，采取的措施是：____________________

（2）我不知道该如何对待，需要得到的帮助是：____________________

预设：个别家长写出自己较为科学的好方法，而大部分家长写出自己的许多烦恼。

过渡：各位家长朋友，感谢你们参与调查活动，能敞开心扉谈自己的烦恼，我为你们的勇气点赞。这也是我们解决问题的第一步。当我们已经直面自己的烦恼，那么问题的根源在哪里呢？

设计意图 用网络段子和歌曲进行破冰和热身，让每个家庭直面自己存在的家教问题。这是解决问题的关键。

第二环节　我想更懂你——评价之歌

1. 问卷调查寻根究源

师： 结合问卷调查，我发现孩子不自信的根源其实就在家长身上。我们用成绩的一把尺子来衡量孩子的所有，造成孩子得不到正确评价，长此以往，打击了孩子的积极性和自信心。我们应该着眼于孩子的未来，不能忽视孩子的多元发展。

2. 多元评价接纳孩子

师： 家长朋友们，你们知道吗？美国教育学家、心理学家加德纳提出了多元智能理论，告诉我们每个人身上存在多项智能——语言智能、数理逻辑智能、音乐智能、空间智能、身体运动智能、人际交往智能、自我认识智能等。

（PPT 出示）

多元智能理论的观念

1. 倡导积极、平等的学生观

（1）每个孩子都具有自己的智力特点、学习风格类型和发展特点。

（2）学校、家庭里不存在差生。孩子的问题不是聪明与否，而是究竟在哪些方面聪明和怎样聪明。

2. 倡导个性化的因材施教的教学观

每个孩子都具有在某一方面或某几方面的发展潜力，只要为他们提供合适的教育和训练，每个孩子的相应智能水平都能得到发展。因此，教育应该为学生创设多种多样的，有利于发现、展现和促进各种智能的情景，为孩子的学习提供多样化的选择，使孩子能扬长避短。

师： 请家长朋友们结合理论反思自己的家庭教育，分组讨论自己存在的问题。

（1）小组讨论，讲述自己育儿的不足。

预设： 家长们会说到自己只关注成绩，观念陈旧；把自己的意愿强加给孩子，不尊重孩子是独立的个体；没有耐心，管理方法简单粗暴；忽视孩子的自信心培养……

师： 是呀！勇敢地面对自己的不足，才能有所提高，为大家点赞！反思自己的不足，同时不要忘记我们的培养对象是孩子，请尝试用多元智能理论评价孩子，学会接纳不太完美的孩子。

（2）邀请三名家长代表发言。

预设：

①我的孩子除学习不好外，其他方面还是蛮不错的，比如她喜爱手工，常常能做出令我佩服的作品来，在这方面她好像很有天赋。

②孩子的舞蹈功底挺令我骄傲的，日常的勤奋练功从不需要我提醒，每次舞台演出都令人印象深刻，亲朋好友都夸她是“明日之星”。

③我孩子的成绩目前不如意，原因是我的期望值太高了。孩子踏实、勤奋，比较努力，只是他有些粗心，知识掌握得不够熟练罢了。

过渡：没有人是完美的，包括我们自己。多元评价孩子，换个角度看，孩子似乎没有那么差，他们是鲜活的、灵动的个体，他们在其他方面还是很有天赋的。我们尊重孩子，接纳孩子，就是让孩子自信的开始。

设计意图

介绍多元智能理论，引领家长提高认识；分组讨论育儿的不足，做更懂孩子的家长；引导家长多元评价孩子，尝试找出孩子的优点，接纳孩子。

第三环节　隐形的翅膀——指导之歌

师： 为了给大家真正地答疑解惑，我将现身说法，结合心理学的范例，为您的家庭教育提供帮助。

1. 狄罗德效应

（PPT 出示）

给学生一件有价值的“睡袍”

狄德罗效应也叫配套效应。18 世纪法国有个哲学家叫丹尼斯·狄德罗。一天，朋友送给他一件质地精良、做工考究、图案高雅的酒红色睡袍，他非常喜欢。他穿着华贵的睡袍在家里寻找感觉，总觉得家里的各方面与睡袍都不搭配。为了与睡袍配套，他把旧的东西先后更新，最终整个家焕然一新。配套效应为整个事物的变化提供了动因，当其中任何一部分发生变化时，其他部分便与之配套，从而促进了周围事物的变化、发展和更新。

师：好马配好鞍！我的开学例行讲话是：“能够进入我的班的孩子，都是基础扎实、能力优秀或者潜力巨大的。不仅如此，经过我的深入了解，被分到这个班里的，都是品行良好、为人正派的学生，你们过去的记录让我非常满意。我相信如此优秀的你们组成的班级，一定会在将来创造出无数惊喜。”

遇到“偏科生”，我会这样鼓励：“看你数学学得那么好，这表示你多么聪明呀！精细的验算、复杂的逻辑无人能及，英语上的几个单词能难住你吗？你现在只不过是缺乏练习，投入的时间不够。找优秀的同学取取经，老师相信你一定能攻克这些小问题的！”

处理孩子们身上的小毛病时，我会这样说：“老师读过你的作文，写得真好，很有水平！你想啊，这么好的一篇文章，字再漂亮一些，那就太完美啦！老师期待着下一次你的进步哟！”

请给孩子贴上一个“优秀”的标签，让孩子形成“我是优秀的，有潜力的；我是个好学生，应该能够做好”的思维。为了与这种意识相配套，孩子们会努力地扮演自己心目中“优秀”的角色，不断强化，直到最终实至名归。

2. 有价值的“睡袍”

师： 你打算给孩子一件什么样的“睡袍”呢？

（PPT 出示）

或许孩子目前不能如我（家长）所愿，但是他（她）在很多方面还是很优秀的。

我完全可以在日常夸夸：______________________________；我更要在表现不佳时鼓励：______________________________。（可以写多项，给孩子多几件有价值的“睡袍”很有必要。）

因为我的本意是希望他（她）通过努力找到最美的自己！

师： 劣质的“睡袍”却可以让我们走向倒退。例如，孩子考了个不理想的分数，家长一急就“信口开河”：“我看你就是笨，连这样简单的题目都做错。”孩子帮忙做家务，一不小心把碗打破了，家长一心疼就喋喋不休：“做点小事都做不好，你说你将来能做什么大事，我看你是没啥希望了。”家长却没有想过，您说的这些话给了孩子一件劣质的“睡袍”。这件“睡袍”就像标签，孩子在以后的行为中就很可能表现出与标签内容一致的行为。

过渡：“欲速则不达”，大家都懂，但在生活中却未必能做到。不妨静下心来，换换角度，多为孩子考虑；平心静气，找寻孩子的优点；鼓励为主，给孩子一件好的“睡袍”；循序渐进，让孩子隐形的翅膀更加强壮；持续陪伴，孩子必将找到最美的自己！

设计意图 引导大家结合“狄罗德效应”的心理学范例和教师的教育方法，汲取营养，反思、改变自己的育儿策略，为孩子的成长助力。

第四环节 最初的梦想——出发之歌

师： 沟通后大家的意见达成了一致。心往一处想，劲儿往一处使，回归到最初的梦想上，让我们一起谋划美好的未来吧！

1. 扬长补短

师：想让孩子自信起来，“扬长”一马当先。建议家长在家中醒目的位置为孩子设置专属荣誉墙——把孩子所有的获奖证书张贴出来，写出孩子的诸多优点。展示风采的同时，为孩子扬起自信的风帆，输出持续的动力，勇往直前。

师：荣誉代表过去的优秀，我们要继续开发孩子的潜力，帮助孩子找到更多自信。参考孩子的目标（孩子提前写好），家长填写下发的近期目标卡，制定切实可行的符合孩子特点的行为和习惯目标。

2. 连锁塑造

师：连锁塑造是通过小步骤反馈来达到学习目标。先要把总体目标分成几个小目标，孩子每完成一个小目标，家长就进行反馈或强化。

（PPT 出示）

连锁塑造可以矫正孩子的学习行为。比如孩子贪玩，不能安静地坐下来写作业，连锁塑造的纠正方法是：开始时，只让孩子集中学习 10 分钟，当孩子完成后，家长允许他做 15 分钟喜欢的事情作为奖励；经过一段时间，当孩子已经可以坚持 10 分钟学习，家长就要求他连续学习 15 分钟，如能达到，就让他自由活动 10 分钟或者给予其他奖励。就这样稳步前进，使孩子不断增加认真学习的时间，逐步养成好习惯。

小组讨论，从近期目标卡中选择一个急需提升的目标，采用连锁塑造的心理学方法，帮助孩子分解目标，一步一步养成好习惯。

分解目标	孩子的目标	奖励巩固	家长帮助
第一步			
第二步			
第三步			
……			
达成目标			

师：家长朋友们，给孩子更多耐心，扬长的同时理性看待孩子的短板，用连锁塑造的方法持续下去，功到自然成！请家长和孩子一起将孩子的优点以及制定的目标张贴在家中醒目的位置，创设良好的开端；再采用连锁塑造的方法，督促孩子不断地激励自己，完成一系列小目标，最终成就大目标。

设计意图 此环节教给家长分解目标的具体方法和激励方法，双管齐下，帮助家长顺利解决遇到的问题。

第五环节　追梦赤子心——祝福之歌

师：孩子的进步需要家长持续支持和鼓励。回家以后请家长给孩子写封信，肯定孩子的进步，激励孩子向自信出发！

设计意图 家长写真心话，让自己冷静思考，真正体谅孩子的艰辛，发现孩子的更多优点和进步之处。此环节帮助家长形成良好的家庭氛围，真正提升孩子的自信心，扬起每个孩子希望的风帆！

会议总结

亲爱的家长朋友们，自信提升家长会只是一个开始，成长协奏曲奏响了。请相信孩子们的成长是一首首歌曲，家长就是歌曲的制作人之一。多元评价让孩子变得积极向上，我们用接纳孩子来作词，用送孩子有价值的“睡袍”来谱曲，用扬长补短和连锁塑造的方法持续练习，最终必将唱响自信人生的华美乐章。

会议延展

1. 亲子日记

鼓励家庭建立亲子日记，每周开展“我的进步足迹”亲子日记展示交流会。

2. “进步的我最美丽”主题班会

每月进行一次“进步的我最美丽”主题班会，邀请家长录制视频，采取同学现场评价、老师寄语和自我评价的多元形式。

3. 追踪调查

利用问卷星进行会后家长复盘。

（1）您孩子的名字是？

（2）本次家长会，您收获最大的是什么？

（3）本次家长会，您印象深刻的环节是哪一个？为什么？

（4）本次家长会开完后，作为家长，您准备怎么做？

（5）对这次家长会，您有什么好的建议或者需要学校老师提供什么帮助？

（河南省洛阳市孟津区第三实验小学　赵晓阳）

24. 毕业典礼：今天，我们毕业了！

背景分析

关于学生价值观与人格的塑造，教育部发布的《中小学德育工作指南》中提出了六条路径：课程育人、文化育人、活动育人、实践育人、管理育人、协同育人。其中，活动育人特别强调举办入学仪式、毕业仪式、成人仪式等有特殊意义的仪式活动。对于即将告别小学生活、步入初中阶段的六年级学生而言，一场庄重而富有意义的毕业典礼，将为小学生活画上圆满句号，也为未来初中生活带来憧憬。

本次毕业典礼家长会参与对象是六年级毕业班的学生及其家长，时间是六年级下学期期末。

会议目标

目标	家长	学生
知识层面	了解孩子小学六年的校园学习生活，学会理解孩子、欣赏孩子。	回顾小学生活值得纪念的时刻，明白老师、家长为培育自己付出的辛勤努力。
能力层面	增进对孩子的了解，分享孩子的毕业成长喜悦，建立起与孩子的情感联结。	懂得感恩父母、老师，珍惜同学友情，并能以恰当的方式在临别之际表达内心的情感。

续表

目标	家长	学生
态度层面	积极关注孩子阶段性的成长变化，树立对孩子未来发展的信心，愿意为孩子的健康成长保驾护航。	乐于分享自己的成长喜悦，愿意感恩父母和老师，积极迎接初中生活的到来。

会议准备

1. 材料准备

准备多媒体、PPT、音乐、学生优秀作业、书画作品、科技作品、老师奖状、家长奖状、学生奖状、学生毕业纪念册、鲜花、小卡片纸、水笔等。

2. 环境准备

（1）布置会场，在黑板上写好会议主题和欢迎词（或用 PPT 呈现）。

（2）校园提前贴好参观路线标识图。

（3）会场内有序分类摆放好学生的优秀作业、书画作品、科技作品等。

3. 其他准备

（1）提前收集学生六年的典型事件照片，做好毕业典礼的 PPT。

（2）学生提前设计毕业典礼邀请函。

（3）老师、学生准备好颁奖词等。

（4）老师提前审阅学生的主持稿，了解会议流程。

（5）师生、家长提前排练好节目。

（6）选拔主持人。

会议过程

师：尊敬的各位家长朋友，亲爱的同学们，大家好！今天，是一个值得铭记、回味无穷的日子，也是一个终生难忘的日子！六年的小学生活即将画上句号，我们即将踏上新的征程。在此，我们齐聚一堂，举行毕业典礼，共同见证彼此的成长与蜕变。此刻，我自豪地宣布："今天，我们毕业了！"

典礼正式拉开帷幕。

过渡：请大家看大屏幕，我们一起来回味六年来的历程，回忆我们一起经历的点点滴滴，看看我们曾经稚嫩的面容……

第一环节　回顾班级六年叙事

1. 观看视频，回顾这六年

（1）初次相见篇。播放视频《我们这六年》，内容有一年级入校时、爸爸妈妈送孩子上学、老师迎接新生入学、第一次的同桌……（配乐《上学歌》）

（2）相知相识篇。滚动播放照片，内容有一起学习、一起活动、春游、秋游、六一儿童节、拔河比赛、篮球赛、足球赛、校运动会……（配乐《同桌的你》）

（3）陪伴成长篇。滚动播放照片，内容有亲子活动，同学互相帮助，老师耐心辅导、个别谈话、批改作业、陪孩子用餐、午休、帮学生扎辫子……（配乐《听我说谢谢你》）

（4）集体收获篇。滚动播放六年来班级所取得的各级各类荣誉。（配乐《再见吧　校园》）

主持人：刚才，我们把回忆穿起，把过往编织，借助一帧帧精彩的画面，回味了我们多姿多彩的六年时光，多么难忘又多么不舍呀！这一幅幅画面，记载了我们相伴六年里一个又一个难忘的回忆！我们的小学六年，不仅留下了一幅幅感人的画面，还留下了一幅幅珍贵的作品。请同学们带自己的家长有序观赏教室内展览的学生作品。

2. 参观展览，欣赏作品

预设：家长认真仔细欣赏每一个孩子的作品，特别是看到自己家孩子的作品时，会更加欣喜和激动。

过渡： 这些作品是同学们六年里努力学习的成果，相信大家在观赏中也会为之赞赏吧。接下来，我们将进入第二环节：展示大家典藏已久的才艺。

设计意图 通过观看视频《我们这六年》及相关照片合辑，学生重温了小学六年的大事件，家长了解了孩子六年来的成长轨迹，大家共同分享成长喜悦。家长与孩子一起欣赏展览的作品，也有助于促进亲子关系的和谐，为他们在初中阶段建立良好的亲子关系奠定基础。

第二环节　展示众人典藏才艺

主持人： 我们再来回顾一起走过的日子，请欣赏 ×× 小组自弹自唱《一起走过的日子》。

预设： 几名同学在台上唱，几名同学弹吉他，台下全体互动，齐唱，会场气氛激昂热烈。

主持人： 六年来，家长每天不辞劳苦，为我们辛勤付出，接下来有请 ×× 家长与 ×× 同学共舞《烛光里的妈妈》，以此表达孩子感谢父母养育之恩。

主持人： 六年来，老师每天陪伴我们成长，请欣赏小组表演唱《每当我走过老师窗前》。

主持人： 六年，面对可爱的老师，我们有太多太多的留恋。我们与老师发生过许许多多动人的故事。接下来，请 ×× 同学给我们讲讲他和老师之间的感人故事。

主持人： 老师为我们做的事情还有很多，说也说不完。在这即将离别的时刻，请大家静静地聆听老师们朗诵余光中的《写给未来孩子的诗》。

主持人： 歌以言志，让我们用歌声表达我们此刻的心声，让我们一起放声歌唱《我的未来不是梦》。

主持人： 是的，在我们的努力下，相信我们的未来一定会很精彩。

过渡： 同学们的表演精彩纷呈，家长的表演投入热情，老师的表演感人至深，让我们永久留住这份美好。接下来我们将进入第三环节：颁奖庆典圆满落幕。

设计意图 孩子的成长听得见、看得着。丰富多彩的主题才艺展示不仅让小学六年的成长更加具象化，也显现了他们未来发展的无限可能性。同时，丰富的节目更易将珍贵的师生情、父母爱、同学情呈现。

第三环节　颁奖庆典圆满落幕

主持人：一直以来，都是老师给我们颁奖，今天，有同学提议要给我们老师颁个奖。你们会给老师颁什么奖呢？

1. "我给老师颁个奖"

学生提前写好颁奖词。

主持人现场采访：你给老师颁个什么奖？

预设：

（1）我给我们班主任颁个"最美笑容奖"，因为我们 ×× 老师每天总是笑眯眯的，对我们很温柔，从不声嘶力竭地吼我们。她待人温和且诚恳。当我们不守规则时，我们看到老师的微笑和她那坚定的眼神；当我们有困难时，她依然微笑且坚定地帮助我们。我们一致给 ×× 老师颁发一个"最美笑容奖"。

（2）我想给我们数学老师颁个"最帅气奖"，因为数学老师不但帅气，而且上课时很幽默，讲课很吸引人，我们大家都非常喜欢他。

……

（根据学生的回答，PPT 出示老师的生活照和荣誉证书。）

主持人：请所有科任老师上台，请各科代表上台给我们最可爱的老师颁发奖状。

过渡：我们的茁壮成长离不开老师的教导，也离不开家人的悉心照顾和辛勤培育。有不少同学想在今天这样一个特别值得纪念的日子里给自己的爸爸妈妈颁个奖。

2. “我给家长颁个奖”

（PPT 出示）

有这样一位家长，每天早上准时把孩子送到学校，自己再到体育馆锻炼身体。她用自己的行动为孩子树立了强健体魄的好榜样。对于班级的工作，她总是大力支持，鼎力相助。对待孩子的学习，她一丝不苟，善于研究，善于交流。她就是以身作则争做榜样的好家长，我的妈妈——×××。

10 名家长代表上台，孩子给自己的爸爸妈妈颁发奖状。其他没有上台的家长，由孩子给家长送上一个拥抱，说一句感谢父母的话。

3. “家长给我颁个奖”

主持人： 这里，有美丽的校园，有优秀的老师，有能干的家长，还有出色的我们，请看大屏幕！

（PPT 出示）

（学生照片） 未来大作家	（学生照片） 未来科学家

主持人： 有请班主任宣读颁奖辞。

班主任： 他的文章写得实在太好了，文笔流畅，字字珠玑，具有真知灼见。每一次老师念他的文章，大家都听得津津有味。所有人都期待他佳作不断。他就是未来的大作家——×××。

全班 50 名学生都有奖项，奖项名称有：未来的大作家、未来的科学家、未来的书法家、未来的大画家、未来的央视播音员、未来的发明家、未来的外交官、未来的舞蹈家、未来的慈善家、未来的大明星……

主持人： 同学们，我们的未来不是梦，现在请同学们赶紧拿起笔来，在小卡片上写下自己 20 年后的梦想。最后把写好的“小卡片，大梦想”投进时光胶囊里，20 年后，我们再次相聚母校，到时打开时光胶囊，看看我们有多少人的梦想实现了。

学生排队把自己写好的小卡片投进舞台的大箱子里。

过渡：此时此刻，我知道我们的爸爸妈妈一定有很多话想对我们说。接下来，我们进行典礼的第四环节：聆听师长殷切寄语。

设计意图 此部分包括颁奖、现场互动等活动，颁奖词的内容根据角色特点量身定制，是弥足珍贵的感动和惊喜，满含祝福与感恩。毕业时的鼓励对于师生、家长来说具有不寻常的意义，也将为孩子们顺利开启下一阶段的学习和生活增添信心。

第四环节　聆听师长殷切寄语

主持人：有请家长代表 ××× 叔叔（阿姨）发言，掌声有请！

1. 家长代表发言

预设：家长表达对学校和老师的感恩之情，表达对孩子的期待和祝福。

过渡：感谢叔叔（阿姨）对我们寄予的殷切希望，相信我们会成为努力上进的好少年。即将离开母校的我们，羽翼已逐渐丰满，临别时刻，掌声有请我们最敬爱的班主任 ×× 老师给我们上最后一课。

2. 班主任讲话

不负韶华　未来可期

尊敬的家长，亲爱的同学们：

大家好！

今天，我们聚集在这里，共同庆祝你们顺利完成了小学六年的学习任务。这是一个新的起点，你们将踏上人生新的征程。愿你们心安梦定，珍惜每一刻时光。

今天，我们不仅是为了举办一个毕业典礼，更是为了见证你们来之不易的成功和智慧，见证你们新未来的开始。

六年前，你们带着懵懂和好奇走进 ×× 小学 ×× 班，开始了一段全新的旅程。六年间，你们走遍了校园的每个角落，一草一木都见证了你们的成长。有人说，小学是本多姿多彩的书，而你们，已经匆匆翻过了两千多页。回首过往，从低年级到高年级，那些生动的细节，那些精彩的片段，都深深地刻在我们的记忆中。

六年的光阴，你们抛弃了依赖，学会了担当；六年的光阴，你们懂得了自尊、自立、自信、自强。你们已经与校园融为一体，为校园带来了美丽和生机。

在临别的时刻，我想送给你们三句话：做一个快乐健康的人，做一个懂得感恩的人，做一个有担当、负责的人。无论面临顺境还是逆境，无论成功还是失败，都要正视自己，相信自己。我相信，无论你们走向何方，都会展现出你们的自信与风采。我祝福你们每一个人。

亲爱的家长朋友们，感谢你们六年来对学校和班级工作的支持，更感谢你们对孩子的辛勤培育。你们的支持和陪伴，让孩子们有了今天的成就。我想对你们说，作为家长，你们的角色是“陪着孩子一起长大的人”，希望你们能继续陪伴孩子成长。真正优质的陪伴，不在于时间的长短，而在于陪伴的质量。希望孩子上中学之后，你们依然能保持对孩子的热情和关爱。

最后，祝福同学们云程发轫，万里可期。祝福家长朋友们家庭美满，幸福绵延！

主持人：感谢老师对我们的鼓励和期待，我们会把老师的每一句话记在心中。请老师相信：我们一定不负韶华，未来可期！接下来请同学们按学号排队上台领取毕业纪念册。

3. 领取毕业纪念册

家委会提前制作好毕业纪念册，内容有学校的校训、校风、教风、学风，有校园最具有特色的图片，有学生活动风采，有每一年艺术节、科技节、体育节留下的最美瞬间，有学生个人的生活学习照片，有校长和班主任、科任老师的寄语等。

预设： 伴着深深的祝福，学生按学号顺序上台，家委颁发毕业纪念册。

主持人： 感谢老师和叔叔阿姨们为我们的无私付出！让我们再一次用热烈的掌声感谢母校对我们的培养。我们将以此为起点，奔向美好的初中生活。我们的才艺展示活动到此结束。

过渡： 最后让我们牵着家长的手再走一遍校园，重温我们曾走过的校园之路，游完校园，大家可以有序离开我们亲爱的母校。

设计意图 聆听家长、老师寄语，颁发毕业纪念册等活动，“拉满”毕业典礼的仪式感，点亮孩子们个人成长和自我发现的重要节点，传递对他们无声的期盼和温暖的鼓励。

第五环节　游园重温走过之路

1. 我与家长逛校园

预设： 孩子牵着家长的手，按学号排队，沿着校园地面标识好的路线走完（教学楼—操场—食堂—功能室—校园标志性建筑物等—校门口），重温一年级入学时走过的校园之路。途中，家长和孩子驻足合影，留下最美瞬间。

2. 我与老师道别离

预设： 家长与孩子游完校园，有序和老师告别离校。班主任和所有科任老师、工作人员、保安等列队在校门口两边，每一个孩子走出来，与老师击掌、握手、拥抱。班主任（或科任老师）、孩子、家长在离别时刻，都依依不舍……

设计意图 此环节让学生与家长重走校园，将成长记忆定格在电子相册和自己的脑海中。老师在校门口与孩子以各种独特的方式道别，给孩子、家长留下最美好的回忆，用“爱”为孩子们的小学生活画上圆满句号。一鸣从此始，相望青云端。

会议总结

亲爱的家长朋友们，感谢你们在孩子成长之路上的用心陪伴！亲爱的同学们，今天，你们小学毕业了，这是你们人生中的一个重要时刻。请记住，毕业不是结束，而是初中生活的开始。让我们怀揣梦想，勇往前行！

会议延展

（1）家委会把本次毕业典礼做成专辑。

（2）学生写下本次毕业典礼的活动感受。

（3）会后用问卷星收集家长对本次活动的建议。

（广东省珠海市香洲区第十九小学　杨玉娟）